泥酔文学読本

NANAKITA Kazuto 七北数人

泥酔文学読本　目次

I　泥酔する作家たち

II 物語のなかのアルコール

III 泥酔の文学誌

Ⅳ 酩酊のその先へ……

おかしな酒だよ。何度も飲めば飲むほど、やられる時間が短くなって、そのかわり、夢みる時間ががくなるんだ。
いまじゃ五秒から十秒ぐらいのあいだに、けっこう二、三日分ぐらいのことを見てくるんだ。

フレドリック・ブラウン『発狂した宇宙』

はじめに　陶酔の月ジュース

酒と文学は似たところがある。どちらも陶酔を誘う。別世界へ連れて行ってくれる感覚もあって、その世界の心地よさにハマってしまうと、抜け出せなくなることもある。酔いから醒めるのがイヤで、飲みつづけるほかに何も手につかなくなってしまう。

現実逃避。退廃。そのような言い方で非難されてきた、禁断の陶酔。酒も文学も、時にそれほどの陶酔をもたらしてくれる、あぶないものだ。

たとえてみればそれは、飢えて凍えたマッチ売りの少女が、マッチに火をともしている間だけ目の前に広がる幻影。

暖かなストーブ。ごちそうの山。クリスマスツリー。大好きだったおばあちゃん。火が消えると、みんないなくなってしまう。

「おばあちゃん、私も連れてってって！」

少女は全部のマッチに火をつけて懇願し、願いは叶えられる。救いようのない結末とみる人もいるが、地獄の日々を逃れ、あたたかい夢の世界にとけこんでいけたのは幸せだったかもしれない。

少女のモデルはアンデルセンの母だといわれている。幼い頃、物乞いに出され、橋の下で泣いていたという母は、晩年アルコール中毒で命を縮めた。マッチ売りの少女のはかない夢から、酒の陶酔が思い浮かんだのは偶然ではなかった。


酒の酔いが別世界を開く物語といえば、古くは唐代の伝奇「南柯《なんか》の夢」が有名だろう。泥酔して見る一睡の夢の中で、主人公は蟻の国の太守になって、なんと二〇余年もの間、栄華をきわめて目が覚める。いったいどんな酒を飲んだのか知りたいところだが、残念ながらそこまでは書かれていない。

究極の陶酔をもたらす酒には「月ジュース」というのがある。「ジュース」といってももちろん果汁一〇〇パーセントではない。フレドリック・ブラウンの傑作SF『発狂した宇宙』の中に出てくるブッ飛んだ酒の名称である。

主人公キースがまぎれこんだ世界は、何から何まで奇想天外なパラレルワールド（現実世界と枝分かれしたもう一つの宇宙）。酒場で勧められた月ジュースも、飲んでみるまでは味も効果もわからない。ほんの一口すると、「コップ半分のジンを呷《あお》ったとおなじくらい、灼熱の感触でのどを焦がした」が、ハッカのようなさっぱりした後味ものこる。

「それじゃ出発だ。帰ったらまた会おう」

一気に飲み干したとたん、キースの体は酒場の天井を突き抜け、旋回しながら上空へとぐんぐん昇っていく。ついには大気圏を抜け、地球がみるみる小さくなる。宇宙空間はあたたかく心地よい幸福感に満たされて、月はもう目の前に――。

正気に返るまで四五秒の出来事だった。

月ジュースにハマっている相棒のジョウに至っては、金星まで飛んでドロドロの沼地で宇宙女性と遊んだり、五秒か一〇秒で二、三日分の宇宙旅行をするのだという。

七時間酩酊したとすれば、ちょうど二〇余年分の宇宙旅行ができる計算だ。

「南柯の夢」と時間はピッタリ合う。

（二〇〇八年五月）

I

泥酔する作家たち

坂口安吾の酒

ガツンと来る酒

戦後、「堕落論」と「白痴」で一躍、流行作家におどり出た坂口安吾だが、最初の安吾全集が編まれたのは、没後十数年たってからのことだった。無頼派作家として並び称された太宰治の全集が没後一年で完結したのに比べれば、人気の差は歴然とある。

大の安吾ファンだった三島由紀夫は、初の安吾全集に熱烈な推薦文を寄せた。自衛隊駐屯地で割腹自殺を遂げる三年前のことである。

太宰治がもてはやされて、坂口安吾が忘れられるとは、石が浮かんで、木の葉が沈むようなものだ。

こんな書き出しを見ても、人気の差がずっと続いていたようすがうかがい知れる。おそらく、その差はいまも変わらないし、将来も同じままだろう。

読みやすくてポップな太宰と、すこし難解で尖鋭的な安吾。軟派と硬派。表面的にはこんな捉え方が主流で、三島のいだいた印象も例外ではなかった。

太宰が甘口の酒とすれば、坂口はジンだ。ウォッカだ。純粋なアルコホル分はこちらのほうにあるのである。

辛口で強い酒のイメージを、三島は安吾に重ね合わせた。「アルコホル」なんて、わざと英語読みで書くところがまた、スタイリストの三島らしい。ふつうのジンよりガツンと来そうな感じがする。

安吾を語る上で、アルコホルの話は切っても切れない関係にあるが、生身の安吾自身、やっぱりガツンと来る酒が好きだった。

「酔うために飲む酒だから」アルコール度数の強い酒ほどよい。好きなのはコニャックかオールドパーだが、「ジンやウォトカやアブサンでも日本酒よりはいい。少量で酔えるものは、味覚にかかわらず良い」とエッセイに書いている。

日本酒やビールは味も嫌いだが、少量では酔えないし、胃が弱いので大量に飲むと吐いてしまうのだという。それでもそれしかない時は飲む。たとえまずくても、あとで吐くことになっても、「息を殺して、薬のように飲み下している」。

まさに三島のたとえのとおり。

酔うために飲む、というのはアル中への一本道だと聞いたことがある。安吾も酒だけをやっていたなら間違いなくアル中になっただろうが、この人の場合、先にヤク中になってしまった。

流行作家になり、大量の原稿注文をかかえて、意外にも極度に義理がたい安吾は、すべての仕事をこなすために睡眠を削ることを第一に考えた。当時は覚醒剤の使用も自由だったから、手軽に手に入ったヒロポンの錠剤を飲みはじめる。

クスリの名前のとおり、覚醒しているため、眠らないために飲んだのだ。ビートニク以降の作家やアーティストたちのようにサイケデリックな幻想で創作欲を刺激したい、などとは露ほども考えなかった。

しかし、正常な睡眠欲を薬の力でねじ伏せれば、てきめんに反作用が来る。一仕事終えて、さあ眠ろうと思っても、眠気はねじ伏せられたままだ。今度は、眠るために酒を飲んだ。その繰り返しが危険なことも、すべて承知の上の行為である。安吾は全作品を、イノチガケで書いていた。

速効の泥酔志願には、ウイスキーなどの強い蒸留酒が手っとり早い。ふだんならボトル半分で酔えたのに、ヒロポンが残っているとボトル一本半から二本半飲まないと酔えなくなるというから恐ろしい。

酒がまだ自由販売ではなくて手に入りにくかった当時、工業用のアルコールを混ぜたり水増ししたりした密造酒なら、ヤミで安く買えた。いわゆるカストリ焼酎は、本来の酒粕からつくられる「粕取り焼酎」とは全くの別モノだったし、ウイスキーもニセモノが多く、ガソリン臭いのもあったという。メチルアルコールが混ざっていれば、少量で失明、多量で死に至る。メチルで死者が出たというニュースは何度も新聞ダネになっていた。

安く早く酔えるなら、と安吾はカストリやインチキ・ウイスキーも好んで飲んだ。ただし、これには絶対条件があって、東京新聞の記者と飲む時に限ったそうな。なぜなら、彼らは連日一〇杯ぐらいずつメチルまがいの酒やカストリを飲んでいるから、彼らが飲んで死なないうちは大丈夫、というわけだった。

「東京新聞は私のメチル検査器だ」安吾は半ばいたずらっぽく、半ば得意げに書いている。

そんな安吾も、若い頃はかなりヘタレな酒飲みだった。いつ頃からガツンと来る酒を好むようになったのか、そのあたりを少したどってみよう。

落伍者志願

一九三一年発表の処女作「木枯の酒倉から」は、安吾二四歳の時、同人誌に発表された。「聖なる酔っ払いは神々の魔手に誘惑された話」という大仰な副題が付いている。

ごく短い作品なのだが、『ドグラ・マグラ』の夢野久作でもビックリしそうなグロテスク&ナンセンスの怪作で、内容を要約するのは難しい。というか無理に近い。

「僕」が木枯らし吹きすさぶ武蔵野で出会った狂人の「俺」は、体をブルブル震わせながら、「あべべい、酒は茨《いばら》だねえ、不快極《きわま》る存在じゃよ」などとわめいて、禁酒の誓いを何度も立てる。

酒は君、偉大なる人間の理性を痺らせるものじゃよ。酒はあぱぱいじゃ。

しかし、この現実だか夢だかわからない世界にいる主人公たちは、誰もかれも酒の誘惑に勝てず、永遠に禁酒の誓いを破りつづけるのが宿命だ。

と、これはかなりねじ曲げた要約で、本当には何が起こっているのか、何が起こっていないのか、まるでわからない。すべては酔いどれの幻覚のようでもある。

実際に酔っぱらいながら書いたんじゃないかと思わせる出来だが、安吾はこの時、まだほとんど酒を飲んだことがなかった。同人誌仲間たちも大体同じような年代の若者たちだったが、酒飲みは少なくて、同人会などでも皆、酒のかわりにフカシ芋をほおばっていたというからカワイイ。

まだアルコールが血にしみわたっていなかった時代に、こんな酔いどれ小説を書いたのは、それなりに予感めいたものがあったからだろう。

小説家というものを「少年時代の夢のような落伍者」と表現したこともあった安吾にとって、酔いどれ人生そのものがロマンをかきたてる題材だった。

新潟中学時代、欠席過多で留年したあげく、先生や上級生にとことん反抗して放校された安吾は、教室を去りゆく時、机の蓋の裏側に「余は偉大なる落伍者となっていつの日か歴史の中によみがえるであろう」と彫りつけた。落伍者志願も筋金入りだ。

同人誌発表三作めが有名な「風博士」で、これが牧野信一の激賞を受け、ファルス（笑いの文学）の作家として華々しいデビューを飾る。

同時にこれが、酔いどれ人生の幕開けでもあった。

牧野を中心とする文学グループには、小林秀雄や河上徹太郎、三好達治、中島健蔵ら、そうそうたるメンバーがいて、みんな相当なノンダクレだった。彼らは皆、酔うと文学論を戦わすカラミ酒で、とにかく相手を言い負かすことに熱中した。必ず誰か一人が泣くまで議論する。感情開放度が高い人間ばかりなのか、みんなよく泣くのだ。小林にいじめられて三好が泣き、三好にいじめられて中島が泣き、小林と三好が遠方の友と再会した喜びに抱き合って泣きだす。

戦争中、安吾が仲間の大井広介に、カラミ酒で泣きだした作家の話をした。後日また同じ話が出たのだが、今度は泣かしたほうが逆になっている。前と違ってるよと指摘すると、

「オヤ、一方が一方を泣かしたので、同じではないか。違うなんておかしいや」

安吾は悪びれもせず、そう返したそうだ。若い頃のカラミ酒を見つづけていた安吾には、負け惜しみでもなんでもなく、どっちがどっちを泣かしたかに意味は感じなかったのだろう。

グループの中心にいた牧野は酒に弱く、たいてい議論の輪に加われないぐらい酔ってしまう。そして酔えば叫ぶ、ののしる、暴れる、酒を障子にぶちまける、大変な酒乱であった。「今夜

は安吾罵倒論をやろう」と銀座の酒場で大騒ぎしたりする。

そんな牧野も反省だけは常にしていて、「ああ小生は常に悪酔いの失策と後悔に身をやかれ、生活の軒を傾け、やがては自堕落の淵にめり込むやも知れません」「嫌われ、軽蔑され、憎がられて、ウマクもない酒をのんでの気違い騒ぎ、ああ、もう厭だ、断然、酒は御免だ」などとエッセイに綴る。安吾の処女作に出てくる「聖なる酔っ払い」を地で行くかのごとく、やめられない酒で苦しんでいた。

その当時は、安吾もコップ酒やビールなどを飲んでいる。文学修業と酒飲み修業がイコールになっていたから、やっぱり味はウマイとは思わなかっただろう。飲んでいる最中はトイレとの往復で、飲んでは吐き飲んでは吐き、という苦しい飲み方をしていたと複数の仲間が回想で語っており、安吾自身「そうすることによって酒は強くなり、おまけに人生が判る」と豪語していたそうだ。

小説の書き方ではほとんど牧野の影響を受けなかった安吾だが、酒の飲み方だけは完全に師匠ゆずりと見えた。

デカダンな日々

当時の文士たちは皆、行く店が大体決まっていたから、フラリと飲みに入れば仲間や先輩たちがそこで飲んでいた。井伏鱒二は回想で、なじみの「はせ川」へ行くといつも牧野と安吾が飲んでいたと書いている。

銀座京橋にあったバー・ウインザアでは、小林や河上らと親しい中原中也と知り合った。否、知り合った、というより、カラまれたと言ったほうが正しい。飲めば飲むほど乱暴になることで悪名高いこの詩人は、まだ知り合わない前に突然「ヤイ、安吾!」と殴りかかってきたという。もっとも、安吾は一七三センチぐらいの大男で、中也のほうは三〇センチほど背が低かったから、はなから勝負にならない。中也も少し恐れをなしたのか、一メートルぐらい離れたところで空中の何者かを相手にシャドーボクシングをしばらく続けていた。安吾が大笑いして、一緒に飲もうと誘うと、「キサマはエレイ奴だ、キサマはドイツのヘゲモニーだ」と意味不明のほめ方をして、それで一気に仲よくなる。

中也とは二人で吉原のバーで飲んで待合に泊まったこともあるし、中也と共に作った同人誌の仲間たちとも吉原へ繰り出した。同人仲間つれだってゾロゾロ登楼したわけである。その時は、初め馬肉屋に入ろうとしたが、看板に馬の顔が描いてあるのを安吾が「けしからん」と怒りだした。

「馬肉を売るのに、馬の顔を描いて看板にするという法があるか、馬が見たらどんな思いをするか」というのだ。

しかし、どの店も残らず馬の顔を看板に掲げていたので、あきらめて一軒に入り、全員酔っぱらって、いざ登楼と相なった。

同人だった丸茂《まるも》正治《まさはる》はその時のことを赤裸々に書き残している。すぐに眠りこけてしまった自分は明け方になってようやく「作業を開始した」が、途中で部屋の障子をガラリとあけて入ってきたのが中也で、丸茂の裸の尻をチョンチョンつついてくる。

「おい。早くしろ、お前がいちばん遅いぞ」

中也はすでにオーバーコートを着てベレー帽をかぶって立っている。丸茂の下にいた女は大笑いしたそうだが、やることなすこと無頼なのは、やはり中也が筆頭だろう。

当時、安吾の家は蒲田にあったが、安吾いわく「安サラリーマンと労働者の街」で、コップ酒屋が林立したという。四、五〇人入れる大きな店もあれば、四、五人で満員の十銭《テンセン》スタンドもあった。十銭スタンドというのは、文字どおりコップ酒が一杯一〇銭の、屋台に毛が生えたような安い飲み屋で、安吾も深夜一時ごろ飲みに行くのはそういう店が多かったらしい。界隈には日雇い労働者から金を脅しとろうとするヨタモノがうじゃうじゃいて、ある夜には、たまりかねた安吾が五人のヨタモノを相手に大乱闘、当然ながら散々に殴られて、顔は翌朝「鬼瓦のように青黒く」はれあがってしまった。

そこへたまたま遊びに来た中也が、手を打って喜び、顔の筋ひとつ動かせないでいる安吾の顔をあれこれと二、三時間も（！）批評して帰っていったそうだ。

味が嫌いだと言う日本酒も、その頃はよく飲んでいた。関西に旅した折には、酒友の案内で一週間、灘の酒を飲みあるいている。

その頃を描いた自伝小説「いずこへ」では、十銭スタンドのマダムに頼んでビール瓶に日本酒を詰めてもらい、温泉旅館に出かける。腐れ縁の愛人の、その妹と、関係を結ぶためだった。自分の不貞を棚にあげて、無節操な妹を辱める言葉を吐くことで自らを卑しめ、どんどん自分の心の傷をえぐりながら酒を飲みつづけた。あげくにはドス黒い血を「五合ぐらい」吐いたという。

こんな経験から日本酒が嫌いになったのかもしれない。十銭スタンドでは質の悪い日本酒しか置いてなかっただろう。

その当時のエッセイで、故郷の新潟で飲む酒はどれも旨いと書いている。特に松之山の地酒「越の露」が気に入って、尾崎士郎ら作家仲間たちにも斡旋していた。安吾の義兄が営む造り酒屋の銘酒で、まろやかで上品な辛口の本醸造。いまでも引き継がれて販売されており、毎年二月一七日の安吾忌ではこの酒を飲んで故人を偲んでいる。

その尾崎士郎と出逢ったのは一九三五年五月のこと。これも「いずこへ」の頃である。安吾が文芸評論で徳田秋声をこきおろしたところ、秋声の弟子筋にあたる士郎が激怒、「決闘」を申し込んできたのだ。すでに押しも押されもせぬ「人生劇場」の作家からの呼び出しだから、逃げるわけもいかず、指定の時刻に出かけて行くと、士郎はもう安吾の堂々とした態度だけで気に入ってしまったようだ。まずは酒を飲もう、と誘われて、上野へ出、次に浅草、さらに吉原の馬肉屋と夜明けまでハシゴしてまわり、大森山王の尾崎家にも招かれてまた飲むうちに昼になり、安吾はようやく家に帰り着いて、血を吐いた。

惨又惨。私は尾崎士郎の決闘に打ち負かされた次第である。

以来、士郎とは肝胆相照らす友となり、終生親しく交遊した。

後年、静養のため伊東へ転居したのも、近所に士郎が住んでいたからだった。伊東へ付き添って行った檀一雄は、士郎が安吾に対してあれこれ親身に世話してやっているのを見ている。温泉はどこそこのがいいと士郎が教え、その足で三人、手ぬぐい一本ずつぶらさげて出かける。すると温泉のあとはやっぱり酒になり、芸者が呼ばれ、待合に向かい、洋食屋で食事になり、宿をとり、今度は寿司屋にいて、次は友人の別荘で、という具合に、士郎の接待は野放図にひろがっていくのだ。

放浪

「いずこへ」のどん底時代を過ぎてから、安吾は京都、取手、小田原と各地を放浪した。

京都では初め、帯地問屋のぼんぼんだった作家隠岐和一《おきわいち》の世話で、祇園の舞妓を伴ってのダンスホール遊びなど豪勢に楽しんだ。田村泰次郎が遊びに来た夜には、一晩で一〇〇円飲んでしまったこともあったという。初任給五〇円の時代のこと。いくらぼんぼんでも、これがしょっちゅうでは破産なので、隠岐は早々に東京へ戻ってしまう。

そこで計理士事務所の二階に下宿し、しばらくはマジメに仕事をした。実際、ここにいた四カ月間に、めざしていた長篇「吹雪物語」のほとんどが書き上がって、あとは後ろめたい気持ちを引きずりながら、版元の竹村書房からの送金で遊び暮らすことになる。

下宿の去りぎわに、背中に腫れ物ができて発熱、激痛が走って夜も眠れない日々が続いた。そんなある日、旧友が京都に就職して訪れ、共に大酒を飲んだ。やはり日本酒であろう。安吾は泥酔し、からだじゅうが酒につかって「グシャグシャぬれてゆく縄のよう」な気分になったという。久しぶりに昏々と眠り、翌朝、腫れ物はつぶれて痛みも消え去っていた。酔って感覚がない状態でゴロンと勢いよく寝転がったときに破れたんじゃないかと思うのだが、安吾はどうも酒の効能のように思ったらしい。

最晩年に、友人と会ったあとの手紙で「あれからカゼをひき、カゼを酒で治そうとして、のみすぎて、すこし血を吐いて、ねてしまった」と書いている。確かに酒を飲むとカラダはあったまるけれど、血を吐くほど飲んではいけない。

いったん信用すると、人でもモノでも、とことん信用してしまうのは安吾のクセだった。だから、ペニシリンとかＤＤＴとか劇的な効能のある薬が発明されると、ひんぱんに利用する。非常にアブナイ。檀一雄が訪ねたときなど、酒の合間に掌いっぱいの丸薬をほおばっていたという。ビタドール、サクロフィール、ネストン、テラマイシン、バンサイン……。これらが覚醒剤や睡眠薬にすりかわった、というわけではないが、薬の効能を信奉しすぎる性癖から見れば、やはり時間の問題だったといえるかもしれない。

京都での二軒めの下宿先は弁当の仕出し屋で、安吾はここで一年遊び暮らした。なにしろ弁当が一食一三銭、酒が一合一二銭と安く至便なのが取り柄である。当然、酒の味はひどく、一円も飲もうものなら途中で吐いて飲めなくなった。一晩一〇〇円飲んだ数カ月後の話である。「万事都合よく出来ていた」と安吾はまた変なところで威張っている。

京都の次は、茨城県の取手。これも竹村書房の世話で、やはり長篇を書くために出向いたのだが、ここでも飲むばかりで原稿に向かえない。

この町は酒屋が居酒屋を兼ねていて、「トンパチ」と呼ばれるコップ酒を飲ませてくれる。「当八」の意味で、一升の酒がコップ八杯分で空になる、つまり一杯あたり一・三合弱、なみなみと注がれる景気のいいコップ酒だ。しかも一杯一四銭から一九銭ぐらいまでの値段で、日々の原価で変わるのだとか。これも言わずもがな、非常にまずい酒だったが、安吾は毎晩これを愛飲した。十銭スタンドから弁当仕出し屋、トンパチ屋とつながって、もう味はどうでもよくなっていたのだろう。

取手には八カ月いて、次が小田原。ここではあまり借家に居着かず、牧野信一の幼友達でガランドー工芸社という看板屋を営むオヤジと飲みあるいた。戦争が近づくにつれて酒も手に入りにくくなったが、ガランドーはいつもどこからか酒やサカナを調達してきてくれる器用な趣味人で、安吾が蒲田の自宅に戻ってからも、しばしば往来した。

太平洋戦争開戦の日も、安吾とガランドーは二人、魚屋の店先でマグロの刺身をサカナに、労務者特配の焼酎をサイダー割りで飲んで酔っぱらい、買い物客のオバサンたちに顔をそむけられたりした。このとき飲んだのは現在でいう「チューハイ」なわけだが、ガランドーの発案だったそうで、安吾も感心して、こうして飲むと「焼酎も乙なものである」と書いている。

放浪が終わったのは、大井広介に誘われて『現代文学』の同人になったのがキッカケだった。大井が冗談好きで機知に富み、非常に多趣味だったので、同人たちは大井の家に入りびたって、トランプや探偵小説の犯人当てなどをして遊んだ。安吾はそんな雰囲気が気に入って、自宅よりも大井のウチに居ることのほうが多くなった。

戦争中のある夜更けのこと、安吾がひどく酔って大井家に帰って来て「いま人を殺してきた」と告げたことがある。服に赤く血がにじんでいるのを大井の母親が見つけ、みんな大慌てで戸締まりした。それから落ち着いて安吾に問うと、行きつけの店でヨタモノにからまれ、つい果物ナイフで刺してしまったとのこと。

「えらいことになった。つけられてねえだろうな」大井が心配そうに言う。

大井の奥さんがオキシフルを持ってきて、血のついた服を拭いてやろうとすると、

「あれ、これ血じゃない。トマトケチャップじゃないの」

そこでようやくイタズラがバレ、大笑いで終わったという話。本当に家族ぐるみで、よく遊び、よく飲んだ。

檀一雄が初めて大井家を訪ねた時も、二日酔いで奥で昼寝していた安吾が起きてきて、自分はアブサンを頼むと言う。今度は大井がイタズラして、高級なジンと偽ってインチキの安物を出すと、「うむ、こいつはいい。昨日のと全然ちがう」などと答えたので、大井はわざわざ奥さんを呼んで、二人して大はしゃぎ。

「坂口さんはもう毎日、そのジンを飲んでください」

二人がかりでいじられた笑い話も、安吾には楽しいひとときだった。

晩年

毎年、安吾忌では遺影の前にサントリーの角瓶とグラスをお供えする。安吾愛飲の酒という

ことで、没年の百箇日法要からずっと定番の供え物になっている。

とはいっても、これまで見てきたように、安吾は角瓶ばかり飲んでいたわけではない。結構いろんな種類の酒を飲んでいて、時期ごとに好きな酒が変わった。

戦後まもない頃は、焼酎やウイスキーが多かった。先に記したとおり、カストリでもメチルまがいでも何でも飲んだが、高級品が手に入ると、喜んでみんなに振る舞った。

行きつけの新橋のバー「凡十」に「正真正銘の宝焼酎」が入ったというので、なじみの編集者を連れていったり、大量に取り寄せたりした。

巖谷大四《いわやだいし》も編集者時代にご相伴にあずかり、「カストリは『にごった、くさった芋のようなにおい』がしたが、これは綺麗に澄んでうまかった」と回想している。池島信平は「口あたりがいいので」つい飲み過ぎてドブにはまってしまったそうな。

当時計画していた同人制文芸誌の仲間たちを何人も呼んで振る舞ったが、「無色無味」なのがかえってニセモノくさいと、誰も信じなかったこともあった。

ウイスキーも接待用にはスコッチか、国産でもサントリー、ニッカ、キング、トミーモルトなど有名銘柄のものを揃えていた。一九四六年一一月に太宰治・織田作之助との無頼派座談会が中二日あけて二回行われたが、新聞連載の締切に追われていた織田を待つ二時間の間に、太宰と安吾は両日とも、ウイスキーを二本ずつ飲み干してしまったという。座談会終了後も銀座のバー・ルパンで、太宰はビールを、安吾はウイスキーを飲みつづけた。ヒロポンで睡眠を削り、「眠るために」ウイスキーをストレートで飲んでいた頃のことである。

しかし、大量のウイスキーは胃を痛める。一九四七年春頃からは、眠るためにはもっぱら焼酎を飲むようになった。

楽しんで飲むのはまた別で、たとえば、檀一雄がその秋に上京した折には、キングウイスキーとサイダーを卓上に林立させて、ハイボールと卓上に載りきらない料理で盛大な宴会を開いたという。

ヒロポンはまもなくゼドリンに変わり、焼酎だけで眠れなくなると睡眠薬アドルムを飲みはじめる。中毒で入院する直前には、毎日三〇錠から五〇錠のアドルムを焼酎と一緒に飲んでいる。酒も薬も壮絶な飲みっぷりだ。幻視幻聴におそわれ、暴れたりしたため入院させられてしまう。

退院後は気候のよい伊東へ転居。アドルムをやめたかわりに、再びウイスキーのストレートに戻り、やはり胃を痛めて「黒い血をはいた」とエッセイに書いている。

これに懲りて、一九五〇年以降はジンが主流になる。ジン・フィズにサンキストのレモンを垂らして飲むのを好んだという。

ルパンの高崎武さんは五一年からバーテンダーとして店に立ったが、「カラダにいいものを」と安吾に頼まれて、オリジナルの「ゴールデン・フィズ」を作って出した。ジン・フィズに卵の黄身をまるごと一つ落とし込んだもので、安吾はこれをウマイ、ウマイと感嘆して六回もおかわりしたそうだ。

五二年に桐生に引っ越しても、もっぱらジンだった。来客には日本酒をすすめても、自分はジンを飲んでいたという。「目の前でドライ・ジンを一本近く空けた。酒量はあい変わらずだった」と回想する記者もいる。

五四年の春頃まではそんな調子で、夏から翌年二月に没するまでは、またウイスキーに戻っていた。ここでやっと安吾忌お供えの角瓶がメインになる。

その頃、初めて坂口家を訪問した安岡章太郎は、「二、三時間でサントリーを一本半、飲まれたと思う」と記している。もっとも、胃を壊さないように水割りやハイボールにしていたようだ。

角瓶以外、他の酒は一切口をつけられなかったという証言もあるが、それはたぶん自宅だけの話で、外では特にこだわらなかった。安吾の行きつけだったカフェ・パリスでは、まず普通に飲むのはビールだったし、カクテルでも林檎のブランデーでもリキュールでもなんでも飲んだという。

先生はね、なんでもいいの。みんなで好きなことして遊んでればね、一緒になって騒いでりゃいいんだから。

パリスの元マダムにインタビューした時、そんなふうに話してくれた。

二〇〇四年二月一七日、安吾の五十回忌を赤坂のサントリービルで催した時、会場の一角をルパンの高崎武氏の特別ショット・バーにした。供するのは安吾がたてつづけに六杯も飲んだというゴールデン・フィズだけ。

当日手配する材料と個数は高崎さんから細かく指定された。ゴードンのドライ・ジン、ウィルキンソンの炭酸、ヨード卵。八オンスのグラスも事前にチェック、ご自分はレモンとシロップとを調合したエキスを持参された。ずらりと順番待ちする出席者たちに、特設カウンター内でせっせと作りつづける高崎さんは至極うれしそうだった。

この数カ月前、企画を携えてルパンへ依頼に行った折、高崎さんは二つ返事で、しかも無償で引き受けてくださった。その時、安吾の好んだ酒の話をいろいろ話しているうちに、私は思いついて、安吾の酒の変遷について、いつかまとめてみたいと言った。ぜひ書いてください、楽しみにしてます、と言われたが、四年後に高崎さんは亡くなってしまわれた。遅ればせながら、今回の機会を得て、高崎さんへの約束が果たせたかな、と思っている。（二〇一三年四月）

この一升がきてから後は、論戦の渦まき起り、とうとう三好達治が、バカア、お前なんかに詩が分るかア、と云って、ポロポロ泣きだして怒ってしまった。萩原朔太郎について小林秀雄と大戦乱を起したのである。

坂口安吾「釣り師の心境」

べらんめえ文学論

無頼派を代表する太宰治、坂口安吾、織田作之助の三人が初めて顔を合わせたのは、戦後、彼らが流行作家になってからだった。座談会の司会者が彼らをデフォルメの作家と紹介したとたん、太宰が食ってかかる。

「冗談言っちゃいけないよ」

これが座談会の第一声だから、あとの流れは推して知るべし。酒飲みのクダ巻きに終始する抱腹絶倒の会となっていた。

近年でも「最後の無頼派」と称される作家は幾人もいる。中上健次が某文芸誌の編集長を病院送りにしたとか、野坂昭如が有名料亭の調度品を破壊しまくったとか、生身の無頼な所行におくられる讃辞のようになっている。

けれども、元祖無頼派の三人はむしろおとなしいほうで、彼らの周辺の紳士然とした作家たちのほうが生身は無頼だった。

石川淳が安吾と出逢った飲み会の席で、安吾が年上の石川をクン付けしたというので大喧嘩、これをキッカケに二人は終生の友となる。石川はその容姿も文学も高踏的で近寄りがたい大先生のオーラを放っているが、てやんでえ、べらぼうめえ、と平気で喧嘩をふっかけるチャキチャキの江戸っ子だった。

同じく石川によく似て聖人の風格をもつ小林秀雄も、まさに生粋、神田の生まれだ。

後年、安吾が睡眠薬中毒で入院した折、見舞いに行った小林は、うまくロレツが回らない安吾に向かって「テメエは大馬鹿ヤロウだ」と数十回もまくしたて、それを安吾は嬉しそうに笑って聞いていたという。

さらにずっと後年、安吾の遺児の綱男クンがカーレースに熱中して死ぬ寸前の大事故を起こした数日後、綱男クンは母親の命令で石川淳の家に行かされた。当然、説教が始まると思っていたら、長い沈黙のあと、いきなり「バカヤロウ！」と怒鳴られたそうな。また暫くの沈黙があり、二度めの「バカヤロウ！」が来て、それで説教は終わったという（坂口綱男『安吾と三千代と四十の豚児と』）。

説教なんてガラじゃない江戸っ子は、恥ずかしくて「バカヤロウ」しか言えないのだ。それが妙にあったかくて、叱られる似たもの親子がチョット羨ましくもある。

安吾は文壇デビューと同時に、牧野信一の文学グループに加わり、そこで小林と出逢った。この牧野が奇人で、飲むと自ら「牧野さん」と名のり、「安吾！　お前はまだ中学生だぞ！」とか「今日は安吾罵倒論をやろう！」などと叫び出す。小林や河上徹太郎がそれに乗っかる。ほかにも、三好達治や大岡昇平、中島健蔵、佐藤正彰らそうそうたるメンバーがいて、みんなガラが悪かった。小林や中島、佐藤らは当時から大学の先生でもあったが、先生たちが酔っぱらってゴロを巻き、べらんめえな文学論の末には決まって誰かが泣かされた。

小林と三好が論争した折には、三好が「バカア、お前なんかに詩が分るかア」と泣きながら怒っていたと、安吾の回想にある。中島も三好と佐藤に泣かされた話を自ら日記に残しているし、とにかくどっちかが泣くまで論戦しなければ気がすまないのが江戸っ子カタギだ。

上機嫌で帰る時には、みんなで安吾の小説に登場する詩の一節を放吟して、深夜の街をのし歩いたという。こんな詩だ。

旅人は　野越え山越え村越えて　幾度ションベンするものぞ！

つくづくおバカな先生たちである。

（二〇一二年二月）

渓流《たにがわ》で冷やされたビールは、
青春のやうに悲しかつた。
峰を仰いで僕は、
泣き入るやうに飲んだ。

中原中也「渓流」

青春のように悲しいビール

中原中也の詩「渓流《たにがわ》」はこんな一文で始まる。なんとも大胆な言い回しだ。突飛なのに、すうっと胸にしみてくる。

暑い夏。みんなで高原へピクニックにでも来たんだろう。流水で冷やしたビールは格別に旨い。木陰の心地よい涼しさ。楽しければ楽しいほど、その時間が過ぎ去ったあとの悲しみばかりが予感される。

「時よ止まれ。お前は美しい」

ゲーテの『ファウスト』に出てくる禁断の言葉が思い浮かぶ。それを言えば悪魔に魂を奪われるとわかっていても、幸福な瞬間があまりにいとおしくて、叫ばずにはいられなかったファウストの気持ち。

湿つた苔《こけ》も泡立つ水も、／日陰も岩も悲しかつた。

中也の詩は聖痕のように痛ましい。

村上春樹のデビュー作『風の歌を聴け』も、失われゆく青春の物語だった。大学の最後の夏休み、主人公の「僕」と「鼠」は「25メートル・プール一杯分」ぐらいのビールを飲み干した。笑っても、うんざりしても、泣きたくなっても、ビールを飲む。一ページに二回飲むこともあった。

ビールそのものが青春を象徴していた。

少しの間だけ、消え残る金色の泡。金色の日々。ほのかな苦み。

「みんないつ果てるともない甘い夏の夢だった。そしてある年の夏、夢は二度と戻っては来なかった」

青春は短いから、そこらじゅうに喪失の予感が広がっている。それこそ、湿った苔にも、日陰の岩にも。

北方謙三の『風葬』でも、青春がよみがえるシーンで登場したのは、ビールのような発泡系の酒だった。刑事と犯人とに分かれてしまった浮浪児時代からの親友・幸太と、決着をつけに行く直前、高樹はフッと思う。

「毀《こわ》れかけた友情の匂い。誰かの詩の一節だった。酒を前にして、男がポツリと呟く。すると酒から泡がひとつ出てきて、表面に浮きあがり、割れる。毀れかけた友情の匂い。最後に、またその一節がつけ加えられる」

青春の泡。青春は泡と消える。そう相場が決まっている。

「俺は幸太じゃない。だけど幸太なんだ。幸太も、同じように思ってるさ。自分が追っかけてくるってな」

高樹の言葉は、青春は失われても友情は永遠だと告げている。

『風の歌を聴け』の「僕」と「鼠」も、互いが互いの影のような存在だった。

両作のタイトルに同じ「風」の字が入っているのも偶然ではないだろう。吹き消されてゆく青春の悲しさには、自己喪失の匂いも混じっている。

「鼠」は、「秋の匂いが感じられる頃」には「ぱったりとビールを止め、バーボンのロックを無茶苦茶に」あおるようになっていた。

村上春樹の最新作『1Q84』では、もはや誰も、ほとんどビールを飲まない。

（二〇一〇年五月）

ピーピーしながら、けっこう呑んで喰って生きていた。五銭の揚げソバと焼酎、十銭《テンセン》スタンド、三杯呑むとしびれるという電気ブラン、そんなものを呑んで満足してボロボロの青春を送っていた。

色川武大『あちゃらかぱいッ』

電気ブラン今昔

浅草の神谷バーへ初めて行った日のことはよく覚えている。私はまだ二八歳で、文学新人賞への応募を中断し、ごく短い地味な小説を書くようになっていた。持ち込み小説を読んでくれる編集者なんてめったにいないが、筑摩書房のKさんだけが読んでくれて、しかも気に入ってくれた。一度会いましょうと言われ、待ち合わせたのが神谷バーだった。

夕方で客はまばらではあったが、Kさんは何の目印もないのに、まっすぐ私のテーブルへと歩いて来た。携帯電話もない一九九〇年のこと、よくもまあ無謀な待ち合わせをしたものだと、今から思えば冷や汗ものだが、Kさんは「わかるもんですよ」と涼しげに笑った。

神谷バーが電気ブラン発祥の店だとは、なんとなく知っていた。昔の小説に出てくる電気ブランはたいていヒドいものと相場が決まっていたから、メチル並みのシロモノだと思い込んでいた。

「まあ、一杯ぐらいなら大丈夫でしょう」

Kさんにオドされながら、こわごわ一口飲んで、旨いのに驚いた。それもそのはず、ブランデーをベースに、ワインキュラソーやジン、ベルモットなどをブレンドしたリキュールだという。薬草系の酒が好きな私には、メチルどころか滋味さえ感じられた。

ただし、昔はもっとアルコール度数が高かったらしく、ビールをチェイサーにしてストレートで飲むのが通の飲み方だったとか。悪酔いした人もさぞ多かったことだろう。

昔の浅草芸人たちもよく電気ブランを飲んでいたと、色川武大の『あちゃらかぱいッ』に書かれている。昭和の初め頃、芸人たちはみな貧乏で、当時からすでにレビュー興行の人気者だったエノケンでさえ「がんもどきばっかり買って喰っていた」という。

ピーピーしながら、けっこう呑んで喰って生きていた。五銭の揚げソバと焼酎、十銭《テンセン》スタンド、三杯呑むとしびれるという電気ブラン、そんなものを呑んで満足してボロボロの青春を送っていた。

彼らの飲んだ電気ブランが神谷バーのものだったかどうかはわからない。当時から流行して、文字どおり一杯十銭で飲ませてくれる十銭スタンドなどでも出していたから、まがいものも多かったようだ。

古今亭志ん生の自伝『なめくじ艦隊』では、戦争まっさかりの頃、浅草の馬肉屋で電気ブランを一杯七銭で飲んだ話が出てくる。ニュートーキョーのビールがジョッキ一杯一〇円だったとも書いているから、一〇〇分の一以下の破格値だ。ただし「その一ぱいは酒を五合ぐらい飲んだほど酔っちまう。そのかわり、あくる日になると、舌の先が突っぱって、いごかなくなっちまう」ということで、やはり芸人たちの飲みっぷりには凄みがある。

神谷バーで、当時Kさんが編集していた文庫版『坂口安吾全集』の既刊分をいただき、そのあと、安吾ゆかりの銀座のバー・ルパンへも足をのばした。ルパンのある細い路地の突き当たりに、安吾の妻三千代が一九八四年まで営んでいたバー・クラクラの店舗跡があり、外された看板がまだ捨てられず残っていた。

後年Kさんと二人で決定版『坂口安吾全集』をつくることになるとは、その時点では思いもよらないことだったが、思い返せばまさにその夜、私はKさんの手引きによって、後戻りのできない路地に踏み入ったらしい。

（二〇一四年六月）

ひとつ咲く酒中花はわが恋椿

石田波郷『酒中花』

酒中花と水中花

石田波郷《はきょう》の名句である。酒中花とはヤブツバキの一種で、白地に紅のふちどりが愛らしい春の花の名前。一つだけ咲いた可憐な花に、波郷は夢の中だけに棲む艶冶《えんや》な女性の影像をあてはめたのかもしれない。ほんのり酔って、頬をポッと染める夢の女性。あるいは美神。

波郷の生前最後の句集『酒中花』には、この句のほかに酒中花を詠んだ句は入っていない。愛妻家で知られた波郷だが、この一句に何か胸騒ぐような、特別な思い入れがあったのではないだろうか。

さて、酒中花という言葉にはもう一つ別の意味もある。ヤマブキなどの茎の髄を花や鳥の形に作って、小さく押し縮めておき、これを酒杯に浮かべるとみるみる開いて花や鳥の形になる趣向をいう。

私の学生時分、ストローの空き袋を使って、酒か水を一滴垂らすとエッチな形に変化するという宴会余興があった。今でもあるのかどうか知らないが、あれも酒中花の変形だろう。

酒中花の名は知らなかったが、その当時は、松坂慶子の歌う「愛の水中花」がよく流れていた。松坂さんが銀座のクラブのバニーガールを演じたドラマで、自ら歌ったやつだ。

その影響か、インテリアに水中花を置くのもちょっと流行った。チューハイ・ブームを巻き起こした宝酒造の「純」や、サントリーの「樹氷」の瓶が水中花にぴったりで、私も「樹氷」の瓶を使って部屋に飾ったものだ。四角いボトルに白樺の白い影が編み目のように入った粋なデザインがお気に入りだった。

もっとも、飲むのは「純」のほうが多かった気がする。テレビCMに登場したデヴィッド・ボウイがあまりにカッコよかったせいだ。自作の倒錯的に美しいインストゥルメンタル曲をバックに「Crystal! Jun Rock, Japan」と囁く低音のハスキー・ボイスも、一つ一つのしぐさも、全部シブかった。

時代はバブル前夜。そのCMが流れ始めた翌年、田中康夫のセレブ気どりの小説『なんとなく、クリスタル』が流行語になるほどヒットした。タイトルからして、ボウイの囁きのもじりだったのだろう。厭味な文章だったが、映画化された際の田中の選曲によるサウンドトラックは割とよかった。時代の気分を写していた。ポール・デイヴィスの「アイ・ゴー・クレイジー」やランディ・ヴァンウォーマー「コール・ミー」の澄んだ響きは今でも耳に残っている。

樹氷ボトルの水中花が曲に感応してキラキラ輝くようだった。

一連、みんな結びついて、不思議な統一感があった。浮ついた学生時代がカラッポなりに、透きとおった青空のようにまぶしく映る。

波郷の『酒中花』に話を戻すと、句集の後半は「水中花」の題でまとめられていた。

水中花培《つちか》ふごとく水を替ふ

題を詠み込んだ句は、やはりこれだけだ。花を育てるように水中花の世話をしてくれる人がいる。病中吟なので、看護婦のやさしい手つきを眺めての感慨か、と思うと少し色っぽい味が出てくる。この句の一つ前には「含羞草いつも触れゆく看護婦あり」とある。

含羞草はネムリグサまたはオジギソウ、どちらで読んでもいい。さわると葉を閉じる草。それをいつもさわる看護婦の手を、いつも見ている波郷がいる。こんな句もある。

看護婦の手に沐浴や年の暮

（二〇一一年五月）

「君、色紙に書いた詩を覚えているか。あれはなかなか良い詩なんだ。港は暮れてルンペンの、のぼせ上った企みは、藁でしばった乾《ほし》がれい、犬に食わせて酒を呑む」

歌うように言い終ると、老人は無邪気な表情を覗かせて、

「おい気がついたか、一節の区切りの字と、次の節の最初の字とが尻取り文字になっているんだぞ」

吉行淳之介「湖への旅」

ダダイスト辻潤の放蕩

辻潤といっても、いまでは知らない人も多そうだが、詩人高橋新吉と共にダダを日本に広めた生粋のダダイストだった。徹底した破壊を標榜したダダの思想とはナンタラカンタラと説明するまでもなく、辻の生き方をみれば、それそのものがダダだった。

エッセイや翻訳が本業だが、友人らの回想を読むと、尺八で門づけしたり英語の家庭教師をしたりして食いつないでいたようである。

生活用品をいっさい持たず、一所不住、金が入れば鯨飲大食して使い果たす。あちこちに居候して超然と生き、果ては餓死して死体をシラミに食いつぶされた。

「たいがいの人は辻潤は迂闊《うかつ》にも乞食になったと書いたが、そうでなく、乞食にも坊主にもなりえなかった辻潤は、なりえなかったものを超越するために、血みどろになったのではなかろうか」詩人の高木護はこう評し、佐藤春夫は「近代日本を象徴する唯一の人物、辻潤の存在意義は、ザラにある文豪連より重大である」と評したとか。

右の評言は有島テル『画乱洞仙人』から引いた。辻の友人で「画乱洞」と号した小田原の看板屋山内直孝の逸話集だが、山内もまた、宵越しの金を持たない自由人で、自宅はいつも文人や文化人たちの宴会場になっていた。

坂口安吾の小説「真珠」でも山内画乱洞は大らかに、楽しげに安吾の世話をする。「酉水《ゆうすい》」とも揮毫したが、これは二つの字を一字にすると「酒」になる洒落《しゃれ》だ。安吾もこれを真似て「水鳥亭」という小説を書いている。

晩年の辻潤は画乱洞の家の居候になることが多く、半年いつづけたこともあったそうだ。辻がある日、京都へ行くと言うので、画乱洞が旅費を工面してやると、汽車が休みだったと言ってすぐ帰って来たという。どうやら途中で一杯やらかしたらしいと見たが、画乱洞は怒りもせず、世話してやるのが嬉しくてたまらない感じだった。

一九四〇年頃、長い放浪の旅から東京に帰った辻は、帰る早々、画乱洞に宛てて「坂口安吾君の〇〇のアドレスわかっていたら御しらせ願いたい」と書き送っている。

安吾はこの年から三好達治の世話で小田原に住んでいた。安吾と辻との接点はあまり伝わっていないが、画乱洞の家で何度か出逢い、楽しく飲んだらしい。三好と安吾と辻と画乱洞の四人が「酒仙」と化して飲んだくれている様を、仲間の絵描きが描きのこしている。本来無一物の精神で自由を愛した者どうし、通じ合うものがあったのだろう。

吉行淳之介の「湖への旅」という自伝的小説にも、戦争末期、辻潤の死ぬ数カ月前の姿が活写されている。吉行の父エイスケが辻の文学仲間だった関係で、エイスケの死後大分たってからひょっこり吉行家を訪ねてきた。

当時六〇歳の辻は、弱冠二〇歳の吉行と初対面で「明日の朝飯の金をくれないか」と悪びれず無心し、次には「おい、俺の色紙を買わないか」と要求してくる。ついには、友人とN湖へ旅行に出るという吉行にくっついて来て、検札に来た車掌には切符をなくしたと、やっぱり堂々と無賃乗車してみせる。死ぬ寸前だったとは思えない生命力の凄まじさ。戦争で自分たち若者の死も間近に迫っているという時、好き放題しゃべり散らして飄々と去って行ったダダイストの最期の姿は、若き吉行に強烈な印象を与えたようだ。


（二〇一八年一二月）

私は煙草道楽だから、時々細身の葉巻などもやるが、これをやりつつウイスキーの噴水をカッと口のなかへ抛り込んだりすると、きまって西部劇のドク・ホリデーを思い出す。

三浦哲郎「スペインの酒袋」

スペインの酒袋

スペインには、牛革やヤギ革で作った酒袋というものがある。勾玉《まがたま》状、というより胃袋に似た形のワイン入れで、その首と尻をつなぐヒモを肩や腰に吊り下げて携帯するものだ。

三浦哲郎のエッセイ「スペインの酒袋」に出てくるのは褐色の牛革製で、友人がくれたスペイン土産。三浦はこれにワインではなく愛飲するウイスキーを入れてみると、驚いたことに一瓶丸ごと入ってしまったという。

以来、取材旅行には欠かせない持ち物になり、いつでもどこでも酒袋のウイスキーをカッとやっていたそうな。「忍ぶ川」のような上品で端正な小説を書く作家が、こんなに呑んべえだったとは知らなかった。

冬の北海道の旅で極寒のサロマ湖にぽつんと取り残された時には「ただこの酒袋だけが頼みであった」と書いている。実際、ウイスキーを飲めば体も温まるわけだが、飲み過ぎれば眠くなって逆にヤバイ。

受験の時、私は同じ大学を受ける悪友たちと三人で大阪のホテルに前泊したのだが、各自の部屋へ去り際、悪友の一人がニカッと笑って「ちょっとアルコール入れるとよく眠れるぞ」と教えてくれた。なるほどと思い、冷蔵庫にあったサントリーオールドのミニボトルをカッと口に入れた。強い酒は気つけ薬だ。少量では逆効果、胸がむかついて全然眠れなくなってしまった。未熟者の不品行のツケ。ほとんど一睡もできぬまま受験会場に向かうこととなった。

ひょっとすると、あれは呪いだったのかもしれない。教えてくれた友達は飲まなかったんじゃないかと、今から思えば、そんな気がする。クラスではいつも、何事につけ、私と張り合おうとしてきた男だ。結果はそいつだけ、落ちた。人を呪わば穴二つ。

三浦哲郎のように、ウイスキーを常時携帯していた人を、私も一人、知っている。つい先頃亡くなった文芸評論家の秋山駿がそうだ。

今から二〇年あまり前、私は荻窪のカルチャーセンターに月二回通って、秋山先生の文学講座に出席していた。講座終了後は必ず飲み会になだれこみ、先生とも生意気にいろんな議論をした。

飲んだら文学論なんてイヤだと言う人もいるし、飲んでないと文学の話などできないという秋山駿みたいな人もいる。そんな先生は常にウイスキーを懐中に仕込んでいて、教室でもときどきコソッと取り出してはチビリチビリ飲んでいた。ちょっと悪ぶって、センターの事務員にバレないよう注意を払いつつ、飲みながら生徒の意見を楽しそうに聞く。四角形の携帯用ボトルで、平たい腹の部分は人のからだに沿うように、ゆるく弓なりになっていた。ちょうど小学校の林間学習で使った飯盒みたいな形だ。先生のはコレが上質な革のケースに納まっていた。

初めて見た時は、ここで飲むんかいと驚いたが、それ以上にボトルケースの美しさに見とれてしまった。西部劇で馬に乗った荒くれ者たちが、四角いボトルウイスキーを回し飲みしてる光景が頭をよぎり、先生の真似をしてみたい衝動に駆られて困った。

先生は三浦哲郎と非常に親しく、また彼の小説を高く評価していた。ウイスキーを携帯するクセは、どっちかがどっちかに影響を与えたものか。飲んでる時の先生の褐色の顔は、まるでスペインの酒袋のようだった。

（二〇一三年一二月）

一月三十日
宿酔日和、彼女の厄介になる、不平をいはれ、小言をいたゞく、仕方ない。
夜は茂森さんを訪ねる、そして友情にあまやかされる。
二月三日
馬酔木《あしび》居を訪ねてビールの御馳走になる、私は至るところで、そしてあらゆる人から恵まれてゐる、それがうれしくもあればさびしくもある。

種田山頭火「行乞記――三八九日記」

宿酔日和

文学作品の中では「宿酔」と書いて「ふつかよい」と読むのが通例である。作家だの詩人だの、もともとヤクザな商売なので、金があってもなくてもみんな大酒を飲む。しばしば朝方まで飲んだくれて、結果、二日酔いで苦しむ羽目になる。自分の酔態もまた文学のタネになるが、そんな時「宿酔」と書くと「二日酔い」よりほんの少し高級な感じがした。

放浪の俳人といわれる山頭火の日記など読んでいると、「宿酔」「二日酔」と漢字は両用、気ままにあちこちで使っている。というか、何度も宿酔になっている。

「宿酔気味」と書いた二日後に「私は二日酔をしない」などと平気で書いてるのが笑える。「宿酔日和、彼女の厄介になる、不平をいわれ、小言をいただく、仕方ない」という日もある。フツカヨイビヨリとは変わった表現だが、山頭火の宿酔はなんだか楽しそうだ。

「少々二日酔気分、迎酒をやらざなるまい」と書いてる日もあるので、いつも迎え酒で宿酔をやりすごすタイプだったのだろう。

山頭火と同時代に活躍した詩人中原中也の、その名も「宿酔」と題された詩は、こんなふうに始まる。

朝、鈍い日が照ってて／風がある。／千の天使が／バスケットボールする。

酔いの残る頭で、そんな素敵な幻想をみる中也も、やっぱり能天気で明るい。毎日がフツカヨイビヨリだ。

山頭火や中也はまあ例外として、宿酔はやはり苦しいものだろう。

萩原朔太郎にも同じ「宿酔」という題の詩があるが、文語調ながらリアルに宿酔の気分を写している。「脳は鉛の重たさ」で、口中には「酒の香」がねばつき、たえず苦い吐き気がこみあげる。

朔太郎は「宿酔の朝に」と題した散文詩でも「げに宿酔の朝に於ては、どんな酒にも嘔吐《おうと》を催すばかりである」と書いている。

絶対に「宿酔日和」などとシャレてはいられないタイプで、迎え酒など言語道断である。私も（いや私は）宿酔はあまりしないが、迎え酒に関しては朔太郎に同じで、あれを楽しんでやってる人を見ると、人間の皮をかぶった奈良漬けなんじゃないかと思ってしまう。

宿酔の苦しさについては、梶井基次郎の名作「檸檬《れもん》」に、奇怪な心情がつづられていた。


酒を飲んだあとに宿酔があるように、酒を毎日飲んでいると宿酔に相当した時期がやって来る。それが来たのだ。これはちょっといけなかった。


宿酔のロングスパン・ヴァージョンとでもいうものか。梶井も右の三人同様かなり無頼な芸術至上主義の人だったから、こんな厄介な宿酔をかかえこんでしまうのだろう。

それは「焦躁」のような「嫌悪」のような「えたいの知れない不吉な塊《かたまり》」で、「街から街を浮浪し続けて」いないと、どうにもいたたまれない気持ちになるのだという。

そんなふうにして、さびれた街をふらふら歩いていると、八百屋で一個のレモンを見つける。その色、形状、香り、冷たさ、重さ、すべてがみずみずしく胸にしみ入り、みるみる心が癒やされていく。

梶井の宿酔は誰よりも厄介な「不吉な塊」だったが、その心は苦しいばかりではなく、彼もまた「宿酔日和」の中にいて、美しい「千の天使」を希求し続けていたのだろう。（二〇一五年八月）

柑桂酒《キュラソー》の酸味に竪笛《たてぶえ》の音色を思ひ浮かべ　梅酒に喇叭《ラッパ》を嗅ぎ、甘くして辛き茴香酒《アブサン》にフルウトの鋭さをたづね、あるはまたウヰスキイをトロムボオンに、キユムメル、ブランデイを嚠喨《りゅうりょう》として鼻音を交へたるオボイの響《ひびき》に配して……

北原白秋「古酒」

酒の音色

北原白秋は『邪宗門』所収の詩「古酒」の中で、いろいろな酒の印象をクラシック楽器の音色に結びつけて遊んでいる。

「柑桂酒《キュラソー》の酸味に竪笛《たてぶえ》の音色を思ひ浮かべ　梅酒に喇叭《ラッパ》を嗅ぎ、甘くして辛き茴香酒《アブサン》にフルウトの鋭さをたづね」という具合。ウイスキーはトロムボーン、キュンメルやブランデーはオーボエの響き、と白秋の遊びは続く。

選んでる酒がちょっと特殊だし、なかなかイメージしづらいが、ウイスキーよりブランデーのほうが優しい感じというぐらいはわかる。

インターネットで見つけた岡山のアンティーク・ショップ&カフェ「モタモ」さんのブログでは、サントリーウイスキーを銘柄別で楽器にたとえている。「白州」はフルート、水炊きなどの食事と合うらしい。「山崎」はバイオリン、店主いわく最も飲みにくい。「響」は口に含んだ時の味の広がり方がオーケストラを思わせると書かれている。

モタモさんと白秋とで、フルートの音のイメージが正反対なほど違うのに驚く。バイオリンの音色が苦手らしいのも意外で、やっぱり人それぞれだなあと感じる。

私の感覚では、フルートは柔らかで甘い音色なので、白ワインあたりが合いそうに思う。バイオリンはちょっと刺激もあるが流麗、なじみの店でいつも流れる定番楽器のイメージ。ビールがよく合う。ヨーロッパの街角では、居酒屋の店先でビールを飲んでいると、流しのバイオリン弾きが来て「ツィゴイネルワイゼン」など弾いてくれたりする。

ピアノは日本酒。吟醸酒ならショパンやドビュッシーの澄みきった憂愁がよく似合うし、濃醇旨口の生原酒ならモーツァルトやベートーベンの変幻するソナタが合いそうだ。

チェロは赤ワイン。特にフルボディがいい。曲はなんと言ってもバッハの「無伴奏チェロ組曲」第一番。酒も音色も優雅に、しかしどっしりと背骨に響く。

高校の頃、ロックと文学のイメージ合わせをして遊んだ。ビートルズの実験精神、ユーモア感覚、爆発的人気の絶妙なバランスは、太宰治によく似ている。クイーンの豪華絢爛、魔法のような技法、カタストロフの快感などは、谷崎潤一郎ばりではないか。などと順々に当てはめていくと、友人ら皆に否定された。

「クイーンは三島由紀夫だろ、文章ピカピカだし、同性愛だし」とか「実験・ユーモア・人気の三拍子なら安部公房だろう」「いや、大江健三郎じゃないか」「大江はセックス・ピストルズだ」等々、めいめい自分の思い入れの強い作家を当てはめようとするのだった。

ロックに合う酒といったら、これはもうウイスキーかビールしかない。ロックの名曲をタイトルにした作品を数多く書いている山川健一の小説でも、やっぱりそんな感じだ。長篇『ロックス』では、ロックバンドを率いるアキラはいつもスコッチウイスキー「J＆B」を飲んでいる。「映画の中でキース・リチャーズがJ＆Bをラッパ飲みするのを見てから」そう決めたという。

根っからのストーンズ好きは作者自身の嗜好でもあり、別の長篇『水晶の夜』の明夫が飼っていたハツカネズミの名前も「キース」だった。明夫は「トム・ソーヤはジョン・レノンみたいな奴で、ハックルベリーはキース・リチャーズみたいな奴だ」と、ここでも独自のイメージ合わせを呟いていた。

（二〇一六年一二月）

あな寂し　酒のしづくを火に落せ
この薄暮《ゆうぐれ》の部屋匂はせむ
酒嗅げば一縷の青きかなしみへ
わがたましひのひた走りゆく

若山牧水「若山牧水歌集」

末期の水

生まれて初めて飲んだ酒は？　そう訊かれるとチョット迷う。物心つくかつかないかの頃、叔父が飲んでいたビールを味見させてもらったが、やっぱり苦すぎて飲めなかった。でも、こんな苦味が大人になると旨く思えるのだな、と妙なナットクの仕方をしていたように憶えている。とにかく大人専用の飲み物にはひとかたならず興味があった。

ちゃんと飲んだのは（と言うのも何だかヘンだが）、幼稚園か小学校低学年ぐらいの頃、母の田舎の祖父か曽祖父のお通夜について行った時のことだ。映画「スタンド・バイ・ミー」の少年たちと同じで、ホンモノの死体が見られるとワクワクしていた。夜更けまでずっと蠟燭の火を絶やしてはならない、そんな儀式も少し恐ろしげで面白かったし、ありえない硬さになった遺体の足には何度もさわった。

そんな熱心さ（?）が親戚のオッサン連中に感心されて、ボウズまあ一杯いってみよか、ということになった。日本酒の、たぶん冷やだったと思う。甘くトロリとして、これは行ける、とお猪口一杯を一気にあけてしまうと、オッサンたちはますます喜び、おお行けるクチだな、と褒められて得意な気分になったけれど、さすがにそれ以上は注がれなかった。

自分の口を湿したあとは、死者の口湿しの手伝いもした。死に水、末期の水とも呼ばれる儀式。最後に水を飲ませてあげるという名目だが、死んで飲めるはずはないので、子供心にオカルトかよと毒づきながら楽しんでいた。

前回チラッと話題にしたデカダン詩人北原白秋は、酒造家に生まれ、狂おしくアブサンを求めた人生の終わりには、遺族たちが末期の水のかわりに酒を唇に塗ってあげたそうだ。

末期の酒。これは酒飲みの最終願望だろう。

白秋と早稲田で同級になった歌人若山牧水は、意気投合して白秋の下宿屋に同宿、毎晩のように飲みかつ語り合ったという。

牧水は一日一升など当たり前の大酒豪で、生まれた息子には万葉集のアル中帝王と同じ旅人《たびと》の名を付けた。当然、酒の歌に秀歌が多い。

「酒はしづかに飲むべかりけり」ばかりが有名だがあれは凡歌で、もっとスゴイ、魂を売っちゃったような歌もある。

あな寂し酒のしづくを火に落せ　この薄暮《ゆうぐれ》の部屋匂はせむ
酒嗅げば一縷の青きかなしみへ　わがたましひのひた走りゆく
酒ほしさまぎらはすとて庭に出でつ　庭草をぬくこの庭草を

最後のは死ぬ直前のスワンソングだが、アル中の果てに肝臓を病んで飲めなくなった苛立ちがよく伝わる。「この！」というあたり、特に。これが絶唱でいいのかと心配にもなるが、酒のみ人生をまっとうした感もあって潔い。

牧水もやはり白秋同様、遺族のはからいで末期の水は酒にしてもらえたそうだ。

もっとも、葬儀社のネット広告など覗いてみると「末期の水には、故人が生前好きだったお酒などを少し混ぜてあげるとよいかもしれません」などと謳ってあったりして、世の中ではそんなに珍しいことでもないらしい。

ある葬儀社の葬式セットプランの内訳には、渦巻き線香や枕花などと並んで「末期の水セット団子付」というのが入っていた。これはチョット気になる。その団子は水と一緒に口へネジ込むんだろうか？　末期の団子よりは酒のほうが幾分マシか……。

（二〇一一年一一月）

泡盛をあおろうとしたとき、茶碗に血のしたたるのを知り、唇にしみて痛む泡盛がみるみる赤く染まっていった、自分で自分の唇を嚙んでいたのだろう。

石川桂郎『俳人風狂列伝』

風狂の吹き溜まり

新宿西口ガード沿いの飲み屋街「思い出横丁」は、戦後の闇市から発展した。カウンター中心の狭い店がびっしり軒を並べ、安くて旨いという評判から外国人観光客も押し寄せるようになったと聞く。

焼き鳥屋「ボルガ」は闇市時代からの名店で、店主の高橋茂は俳人としても知られた。石川桂郎《けいろう》『俳人風狂列伝』は、俳句で身を滅ぼした友人たちを活写した本だが、多くの主人公がボルガを根城にして飲んでいる。

俳人仲間といっても、この本に出てくるのは、俳人より廃人に近いダメな奴ばかり。でも、不思議と惹かれてしまう。彼らの俳句があちこちに引用されていて、それが螺鈿《らでん》細工のようにきらびやかなのだ。すると、彼らの無頼な生きざままでが、小ずるいながらも不器用で、人なつっこくて、いじらしく見えてくる。

店主の友情により毎晩二杯だけ無料の焼酎をおごってもらう俳人がいる。彼が持ちあるくマイ焼酎の中には、醤油のしみこんだゴハン粒が混じっていたという。また、知人宅で飲むお礼にと、下半身泥だらけにして田んぼからカエルを二、三匹捕まえてきたりした。

これなどはまだ立派なほうで、ほかにはニセ色紙などを作って儲ける偽筆の名人がいる。これも優れた俳人なのだが、やることなすこと嘘だらけ。ついにボルガのツケも利かなくなってしまう。死ぬ間際には、自分の死を悼む短歌を自分で作って、友達に「君の名でこの歌を発表してくれ」と言い残したそうな。

数寄屋橋で名物となった俳句乞食もいる。乞食のつらさと施しのありがたさを詠むのがウケて、結構な稼ぎになったという。結核療養所と精神病院を行き来する俳人は、自分が芭蕉に変身して、新たに「奥の細道」をたどろうとしていた。

なかでも、いちばん印象的なのが田尻得次郎だ。学業は優秀、もちろん俳句でも秀でていたのに、どこに勤めてもうまくいかない。

なじみのそば屋で店主から金を恵んでもらった数日後、店主の家に石を投げつけて去る。師匠の家でごちそうになると、泥酔して泊まり込み、ピカピカの床にタバコの吸い殻を捨て散らかし、あやうく火事を出しかける。あげくの果て、公金横領の罪で刑事たちに追われる始末。

ボルガにもちょくちょく来ていたらしいが、桂郎のいない隙をうかがい、店主の好意に甘えてツケで飲んでいくのだった。

ある晩、ボルガにいた田尻をやっと見つけた桂郎は、焼き鳥と焼酎梅割りをおごり、おもむろに自首をすすめた。なんとしてでも生きていてもらいたい。思いをぶちまけると、田尻は素直に交番までついて来た。

若い巡査がいきなり手錠をかけようとするのを見て、桂郎は凄い剣幕で怒鳴った。

「素人の俺が、手もつながずにきた男に手錠とは何の真似だ。人殺しや放火《ひっけ》じゃないんだぞ」

桂郎はそのあと、また一人で飲みに行くが、泡盛がみるみる赤く染まる。知らず知らず自分の唇を強く噛み締めていたのだ。

梅雨長し拾ひためたる古切手

晩年、廃品回収業で食いつないだ田尻の句。

生活は苦しいが落ち着いた。少し退屈だけれど、古切手を眺めていると、なんとなく気がまぎれる。そんな安らかな思いがにじむ。

ボルガは場所を変えて、今も新宿にある。


（二〇一七年一〇月）

毎夜、お互いに一升の酒を飲んでいる裡《うち》、どちらかが不意に脳溢血で昇天してしまうのではないかという危惧をもった。早いピッチで飲まされた日は、廊下に出ると、平坦な筈の廊下が急に一条盛りあがった傾斜をもつ錯覚に襲われ、手探りで闇夜の畝《うね》を歩いて便所に行きつくようであった。

藤本義一「生きいそぎの記」

生きいそぎの記

直木賞作家の藤本義一は、伝説的なお色気番組「11PM」の司会者として、より有名だったろう。番組の中でウイスキーやビールのウンチクを語る姿が、怪しいギョーカイの人みたいだった。

藤本は作家になる前、川島雄三と共に映画「貸間あり」の脚本を書いていた。日本映画の史上ベストテンが企画されると必ず上位に入る「幕末太陽伝」の名監督だ。

「酒ト色ニ興味アルモノヲ求ム」

冗談みたいな募集広告をみて、藤本はのこのこ川島の部屋へ出かけて行き、即採用となる。脚本家志望の若者がとつぜん名匠と共同脚本だなんて、ものすごい名誉だと思うが、とてもそんな悠長な話ではなかったようだ。

藤本の三度めの直木賞候補作「生きいそぎの記」は、映画脚本にかける師弟の壮絶な記録であり、文章には熱気や殺気がこもっている。

シナリオ作業は、舞台となる一軒家の設計図づくりから始まり、それだけで一〇日を費やしたという。

「この部屋には、腰から尻の線の不潔な女を一人住《ひとりずま》いさす。抜き襟で、後《うしろ》から見ると溜息の出るような猥褻な女がいいのです」

間取り図に合わせて、天文学者やらヤミ医者やら、奇怪な住人たちが配置されていく。その間、毎晩二人で二升の酒を飲む。密造部落の「白馬《ドブロク》」を飲むのだ。

ある晩は豚ちり鍋を作ろうとして、熱した鍋に二本分のビールを注ぎ入れたところ、爆音とともにビールの柱が天井まで噴き上がり、二人は白い泡を頭から浴びた。

「やったでげすな、師匠」と川島。

「へ、やりましたな、師匠」と藤本。

両方が「師匠」なんて呼んでいるのもケッタイだが、大失敗を喜ぶ二人には奇妙な親密感もあった。

またある日には、腐って異臭を放つ鯨肉を二人で食べるのだと宣言する。

「今夜あたりが食べ頃でげす」

食べる前に近くの内科医を呼び出し、コレラとチフスの予防注射を打ってもらう。「痛い、痛い」と腕をさすりながら、大はしゃぎで鯨の腐肉ステーキにむしゃぶりつく。さすがにまずかったらしく「珍味でげす」と泣きそうな声で言い、一きれでやめて、あとはぐいぐい「白馬」をあおった。

翌朝は案の定、二人そろって高熱で寝込むことになる。「鯨の怨念でげすな」と川島は言うが、注射のあとで「白馬」を飲み過ぎたのが高熱の原因だったらしい。

コミカルに描かれているが、生き死ににかかわるエピソードがあちこちにある。時には憎しみ合うようにして、脚本ができていく。

先天性の難病で苦しんだ川島は、数年後他界し、共同脚本はこれ一本で終わった。

「遺書はない。生き急ぐ者に遺書はない」

締めの言葉は恩師の一生へ捧げた墓碑銘だ。

「貸間あり」で名をあげた藤本は、映画、テレビ、ラジオ、演劇などマルチに活躍する売れっ子脚本家になり、川島の死後、お色気番組の司会者となった。このテレビ出演がキッカケで、原稿注文がぱたりと途絶えたというから、「11PM」の悪評も相当なものだった。

もっとも、これを機に小説を書き始めたのだから、何が幸いするかわからない。川島流の無頼の血は、藤本の中にも確かに流れていた。

（二〇一八年四月）

目的の酒場は、奇妙な名の付いた店だった。バー「鉄の槌」といい、木製の看板にハンマアの絵が浮彫にしてあった。

「鉄ノ槌ガ水ニ溺レルゴトク酒徒ハ酒ニ溺レルベシ」という文字が装飾模様とともに彫り付けてある。

吉行淳之介『砂の上の植物群』

妄想の酒場

文壇バーといわれる酒場が昔は何軒もあって、吉行淳之介はどの文壇バーでもモテたらしい。ダンディで会話上手、『酒場のたしなみ』のような本もたくさん書いている。

吉行の小説にも、酒場のシーンは無数に出てくる。特に長篇では変わった店名が付く。『砂の上の植物群』はバー「鉄の槌」が舞台で、店内にかかる木製の額には「鉄ノ槌ガ水ニ溺レルゴトク酒徒ハ酒ニ溺レルベシ」と彫り付けてある。男は、偶然出逢った少女から、そのバーのホステスをしている姉を「ひどい目に遭わせてほしい」と頼まれ、スリリングなゲームでもするようにバーの入口をくぐる。

『技巧的生活』の舞台はクラブ「銀の鞍」。クラブといっても現代の若者たちが踊る店とは全然違って、基本的にホステスが接待をしてくれる、バーを少し高級にした会員制酒場のこと。高級でも、バーテンは一部のホステスと客の仲をとりもつツツモタセでもある。

『暗室』にはオカマのバーテンがいるスタンドバー「ロコ」が出てくる。主人公の男は英語の

草らしい。辞書で店名の由来を調べ、ロコ草なる草の存在を知る。家畜に脳病をひきおこす中毒性のある

短篇の場合はあまり店名まで書かれないが、「探す」という短篇ではバー「縞馬《しまうま》」が出てくる。店名の由来はわからないが、どことなく不吉な感じがする。どこの店でもホステスの自殺や自殺未遂は多いが、「縞馬」でも半年足らずで一人死に、一人未遂で終わった。その生き残った「ふさ子」に会いたくて、なじみ客だった二人の男が各店の「ふさ子」をたずね歩くというストーリー。

もとより、店の名前もストーリーもすべて吉行の妄想の産物である。妄想が無限にふくらんでいく作品も数多い。たとえば短篇「食欲」には、戦争末期の飢えた若者たちが、うまい飯を次から次へと空想し合う場面がある。その空想があまりにもリアルで、若者たちは逆に気が滅入っていく。

軽妙洒脱な生身の吉行とは正反対に、作品は概して暗い。酔っぱらいのバカ話では小説にならないせいもあるが、しかしその暗さには、ぐいぐい引き込む麻薬的な力がある。

吉行の芥川賞受賞作「驟雨《しゅうう》」は、娼婦の街の道子に本気で惚れてしまった男の哀話。朝、道子のいる娼家を出てきたばかりなのに、その夜もまた会いに行く。しかし道子には先客がいて、彼は縄のれんの店で、ゆでた蟹をサカナにコップ酒で時間をつぶす。嫉妬の感情をなんとかかや

り過ごそうと、架空の情景を思い浮かべてみる。道子のなじみ客たちと数人で酒を酌み交わしたら楽しいか。

「いや、なんとも、あの女《こ》はいい女《こ》でしてな」

「まったくお説のとおりで、これをご縁にひとつ末長くおつき合い願いたいもので、ハッハッハッ」

楽しい気晴らしのはずの妄想は、すぐに不快な色に変わってしまう。

捥《もぎ》られ、折られた蟹の脚が、皿のまわりに、ニス塗りの食卓の上に散らばっていた。脚の肉をつつく力に手応えがないことに気付いたとき、彼は杉箸《すぎばし》が二つに折れかかっていることを知った。

暗さは奇譚をよびこみ、死や狂気の影がさす。そのせいだろう、吉行作品は純文学でありながら、ホラーやミステリーのアンソロジーに収録されることも多い。

（二〇一六年一〇月）

バーボン・ストリートの、いかにも安っぽそうな店で聞いた陽気な数曲の中に、おそろしく長い題名の曲があった。

題名は、訳せば次のようになる。

おまえが死んじまって俺は嬉しいぜ、この馬鹿野郎が！

沢木耕太郎『バーボン・ストリート』

バーボンにはピスタチオを

アメリカのハードボイルド小説や西部劇にはバーボンが付き物で、男の酒、硬派の酒といったイメージがある。日本で定着したのはいつ頃か知らないが、案外、吉田拓郎の名曲「ペニーレインでバーボン」の影響が大きいんじゃないかと密かに思っている。

一九七四年、中学生だった私をとりこにさせたハイスピードのロック。拓郎のがなり立てる歌声が、腹にガンガン響いた。

大人になったらペニーレインでバーボンを飲むぞと少年は夢みた。けれども十数年後、東京に出てきて思い出した頃にはもう店はなく、この歌も差別用語が入っているという理由でアルバムから消されていた。

ペニーレイン閉店より数年前の話。私は東京でフリーターになり、アパートの隣室の住人と親友になった。彼は四つ年少の浪人生だったが、映画の話でたちまち意気投合した。

二人とも『キネマ旬報』に載る各年のベストテンはほとんど暗記していたし、まだビデオレンタル店もわずかだった時代に、互いのビデオデッキをつなげて、毎日病気のように名画のダビングをして暮らした。数年で六百本ほどに達したろうか。

録りながら、連日飽きることなく映画の話をした。夜になると、どっちかがバーボンを出してきて開ける。たいていは安いアーリータイムズだったが、たまに他のバーボンを飲むと、アーリータイムズのトウモロコシくさい甘みがむしろ好きなのだと気づいた。

つまみはピスタチオと決まっていた。一粒一粒割って口に入れると、バーボンの香りが引き立ってコクが増す。青い心地よいえぐみ。

香りに誘われて、映画の話にドライブがかかる。ブニュエルからダリ、シュールレアリスム。筋のない映画論争。谷崎と芥川。ゴダールとフェリーニ。映画の中の音楽。すべてが芋づる式に連なり、どれだけ話しても話題は尽きなかった。奇跡のような時間――。

彼は映画監督になると言ってフランスへ行ったきり、行方不明になってしまった。

その後あまりバーボンも飲まなくなったが、たまに店で飲む時はやはりピスタチオを頼む。

沢木耕太郎のエッセイ集『バーボン・ストリート』には、古い友人を懐かしむような、土《つち》埃《ぼこり》の舞うような乾いた郷愁が漂っている。

中にニューオリンズで聞いた陽気な葬送曲の話がある。曲名を訳すと「おまえが死んじまって俺は嬉しいぜ、この馬鹿野郎が！」となり、「ここには強い語調の底にたたえられた深い悲しみがある」と沢木はいう。バーボンと挽歌は、不思議となじむ。
戦後、織田作之助が死ぬ少し前、無頼派の盟友坂口安吾が書いたエッセイにも似たようなセリフが出てくる。

石川淳がめいていしていて、織田はかっ血したから好きだ。かっ血する奴はみんな好きだ、死んでしまえば、なお、好きだ。と、石川式のことを叫んで立上ってフラフラしていた。

石川淳が何を飲んで酩酊したかは書いてないが、こんな罰当たりなことを言う奴はバーボンを飲んでたに違いないぜ、この馬鹿野郎が！

（二〇一一年五月）

Ⅱ　物語のなかのアルコール

村上春樹の酒

青春を象徴するビール

ビールを飲む場面が最も多い小説コンテスト、なんてものがあったとしたら、村上春樹のデビュー作『風の歌を聴け』は、世界のベストテンに入るのではないだろうか。総ページ数に占める割合で数えれば、古今あまたのアル中小説にも引けをとらないと思う。

主人公の「僕」と「鼠」は、大学最後の夏休みに「25メートル・プール一杯分」ぐらいのビールを飲み干したと書かれている。

実際、春樹作品中でも『風の歌を聴け』（一九七九年）がいちばんビールを飲む回数が多い。次いで第二作の『１９７３年のピンボール』（一九八〇年）という具合にだんだん減少し、それに反比例して他の酒や水が多くなっていく、そんな集計結果を表にした研究本が出ている。著名な評論家の労作だが、愛読者なら誰しも予想のつく結果だったので、集計は徒労の感があった。

もっとも、集計したくなる気持ちはわかる。春樹作品には酒を飲むシーンが非常に多いし、酒類や銘柄や本数までかなり詳しく記されているからだ。同じ酒ばかり飲む場面でも、二杯めを注文した、三杯めをぐいっとあけた、四杯めをすすった、というふうに執拗に記述することがある。これはちょっと集計したくもなろう。

それほどに飲酒シーンが多くても、破滅型の私小説作家や無頼派作家たちと違って、ぐでんぐでんに酔っぱらうシーンはめったに出てこない。正反対と言っていいぐらいに、乱れることなく優雅に洗練されていて、スタイリッシュだ。

音楽やファッションにも相当なこだわりがあって、店でかかっている曲、登場人物の身なりや顔つきなど、自分の趣味と照らし合わせながら細かく描写される。酒の描写が細かいのもその一環だ。

つまり、飲む酒の種類やシチュエーションには、漫然と描いているように見えても、ストーリーにからむ必然性がある、ということだ。登場人物の心理の機微まで、選ばれる酒やモノで表現しようとする。村上春樹の骨がらみの小説作法といえる。

まあ小むずかしい話はとりあえず抜きにして、作者自身が無類の酒好きだ、ということをまずは押さえておきたい。旅行記や日記体のエッセイなどを覗くと、ほぼ毎日のように飲んでいる。

一九八四年の「オリンピックにあまり関係ないオリンピック日記」（『'THE SCRAP' 懐かしの一九八〇年代』）では、「最近とくに酒の飲み方の順番がぐしゃぐしゃに乱れていると自分でも思う。生ビールを二杯飲んでからウィスキーを飲んで、最後にワインのペリエ割りを飲んだりする」「欲望のおもむくままに好き放題飲んでいるとしか言いようがない」などと反省文を書いた翌々日ぐらいに「ハーパーのソーダ割りを四杯とビールを三本飲む」とケロリと書いている。バーに行かなかった日は「近所の酒屋でウィスキーと氷を買ってきて、一人でちびちびと酒を飲む」とある。

デビューから五年後の日記だが、すでにビール一辺倒ではなく、まんべんなく飲んでいたことがわかる。若い頃は実際ビールばかり飲んでいたが、だんだんウィスキーやワインを飲む量がふえたと書いている。ビールを飲む量も減ったわけではないので、アルコール全体の消費量がふえたらしい。

同じ頃、村上龍との二度めの対談（『IN・POCKET』一九八五年一〇月号）で、龍に「春樹作品の主人公たちは本当にビールをおいしく飲むね」といわれ、ビールは「波打ち際にいる」イメージだと春樹は答える。

ワインというのはわりにスノッブで、ウィスキーというのはヘビーだしね、カクテルだとちょっと状況がきまりすぎてるしね、ビールというのは不思議な飲物という気がすごくする。

ただ、ビールで悪酔いすると、他のどの酒で悪酔いしたときよりも苦しい、と打ち明けている。学生時代にそういう経験があり、「それから何年かビール飲めなかった」という。「飲めない間、ビールに対する思いが募って」悪酔いの後遺症から立ち直ると、ますますビールがうまく感じられるようになったそうだ。

ごく初期のショートショート「コンドル」(『夢で会いましょう』一九八一年)で飲むビールもなかなか壮観である。占い師から外に出てはいけないと言われたある日のこと。一歩でも出ると想像もつかない災厄が起こるから、というのだが、なにせ想像力の豊かさが取り柄なもので、次から次へと災厄を想像してしまう。しかし想像したとたんに「想像もつかない」ものではなくなってしまうわけだ。家に閉じこもって、缶ビールを飲みながらドアーズのLPなど聴きはじめる。夕方までに飲んだビールは一七缶、聴いたLPは二一枚。災厄とは「急性アルコール中毒」だったのかと「想像」してしまい、また振り出しに戻る、という話。

一人で一七缶はさすがに多すぎではないかと思うが、それだけ飲めば、というか飲めれば、確かに「悪酔い」するかもしれない。


学生時代の終わりを描いた『風の歌を聴け』に、大量のビールが登場するのも、作者自身の青春を象徴するイメージだからだろう。

「僕」と鼠が入り浸ってビールを飲んでいたジェイズ・バーには、ハードボイルド小説に出てきそうなタイプの粋《いき》で物静かなバーテンがいる。本作の発表当時、自分でもまだジャズ喫茶(夜にはバーになる)を経営していた春樹は、自分の店と、そこでバーテンをしていた自らの姿を思い浮かべながら書いたにちがいない。「僕」はもちろん、鼠の中にも、ジェイの中にも、作者の分身が少しずつ入り込んでいるようだ。

経営はともかく、バーテンという職種は村上春樹の性格に合っていたように思う。春樹作品の主人公はいつも、自分にかかわる人たちを注意深く観察している。その人のその日の気分を推し量って、酒を選び、料理を供し、ふさわしい会話を交わす。心のキャッチボールが生まれ、ますます相手への興味が増す。小説を書くのと同じ手順がそこにはある。

気ままで自由で、居心地がいい。春樹の店「ピーター・キャット」も、きっとジェイズ・バーのような店だったのだろう。

ビールはほろ苦く清涼で、夏の日の太陽や汗や水遊びと結びつく。束の間に消える泡とともに青春時代が終わり、来るべき孤独の暗闇をかいま見せて、春樹作品の〝幸福〟なビール時代は一作で終わりを告げた。

二作めの『1973年のピンボール』では、離れて暮らす「僕」と鼠の話が交互に描かれ、東京で仕事を始めた「僕」が飲むのはウィスキーが主流になっている。神戸に残り、無為の青春を引きずる鼠だけは、「僕」のいないジェイズ・バーに、相変わらずビールを飲みに来ていた。ファム・ファタール（運命の女）に惚れてボロボロになって、ビールだけが慰めだった。

ある日「引退の潮時かもしれない」と鼠は思う。「引退」とはジェイズ・バーからの引退であり、街からの旅立ちを意味した。いくつになってもどこに行ってもビールは飲める。

でもここで飲むビールだけは別なんだ。

それはつまり、青春からの引退でもあった。

三作めの『羊をめぐる冒険』（一九八二年）も、やはりウィスキーから始まるが、冒険の旅に出る直前、「僕」は四年ぶりに故郷の街へ帰る。実家へは寄らず、ただただジェイズ・バーに寄るためだ。鼠はすでに自殺して、この世にいない。「僕」は青春を回顧しながら、ジェイズ・バーでビールだけを飲みつづけた。

物語の最後には、鼠の幽霊がビールを持ってやって来て、二人はしばらく黙ってビールを飲む。話の合間にも「もっとビールを飲めよ」と何度か促される。

俺は俺の弱さが好きなんだよ。苦しさやつらさも好きだ。夏の光や風の匂いや蟬の声や、そんなものが好きなんだ。どうしようもなく好きなんだ。君と飲むビールや……。

そう言って言葉を詰まらせる鼠。この時のビールは、本当にかけがえのないものに感じられた。

その後も春樹作品にビールはよく登場するが、もう青春への思い入れは語られない。基本的にいちばん好きなカジュアルな酒で、いつでもどこでも飲んでいたい酒だ。

旅行記『辺境・近境』(一九九八年)では、アメリカ大陸横断の旅の途中、宗教上の理由でビールを飲めない地域にも滞在するのだが、その時の日記が面白い。

しょうがないのであきらめて、アルコール抜きの味気ない夕食を食べた。そのあとで車の中をひっくりかえして調べてみたら、数日前にガソリンスタンドで買ったまま置きっぱなしになっていた、馬の小便のように生温かいバドワイザーの缶が一本見つかったので、それをホテルのアイスメーカーの氷で冷やして、(同行のカメラマンと)ふたりで半分ずつわけてちびちびと飲んだ。切ないながら、これはもう最高にうまかった。

旅行記の最後には、阪神大震災後のふるさと神戸へ行き、山の手の小さなレストランで一人、シーフード・ピザを食べながら生ビールを飲む。すっかり様変わりしてしまった街並みを眺め、記憶の中だけの故郷を懐かしみながら——。

オリンピック観戦日記『シドニー!』(二〇〇一年)では、初日こそオーストラリアワインを飲まされるが、その後は昼も夜もやはりビールばかり。アイリッシュ・パブに入ってもイタリア料理店に入ってもビール。たまにワインかウィスキーを飲む程度だ。だから「今日は珍しくビールを飲まなかった」とわざわざ注記するぐらい、毎日ビールを飲んでいた。

不穏なウィスキー

もし僕らのことばがウィスキーであったなら……僕は黙ってグラスを差し出し、あなたはそれを受け取って静かに喉に送り込む、それだけですんだはずだ。とてもシンプルで、とても親密で、とても正確だ。

アイリッシュ・ウィスキー探訪旅行記『もし僕らのことばがウィスキーであったなら』（一九九九年）のまえがきである。アイラ島で蒸留所を訪ねたり、パブでは七つある蒸留所の各モルトを飲み比べしたり、本当に楽しそうに飲んでいるのが伝わってくる。アイラのモルトは海藻香がするという。そして、ここでは地産の生牡蠣にシングル・モルトをかけて食べる。「牡蠣の潮くささと、アイラ・ウィスキーのあの個性的な、海霧のような煙っぽさが、口の中でとろりと和合する」その味が「たまらなくうまい」「至福である」と書いている。ヒレ酒みたいな感じになるのだろうか?
絵本『ランゲルハンス島の午後』(一九八六年)の中の「哲学としてのオン・ザ・ロック」では、八年間バーテンをした経験から、こんなふうにウィスキー愛を語っている。

オン・ザ・ロックなんて氷の上にウィスキーを注ぐだけのことじゃないか、と思われるかもしれないけれど、氷の割り方ひとつでオン・ザ・ロックの品位や味はがらりと変わってしまうのである。(中略)大きい氷だけを使うとゴツゴツして不格好だし、かといって小さい氷が多いとすぐに水っぽくなってしまう。だから大中小の氷をうまく組みあわせて、そこにウィスキーを注ぐ。するとグラスの中でウィスキーがするりと小さな琥珀色の渦を描くのである。ただし、ここにたどりつくまでには長い歳月がかかる。

ウィスキーについてもビールに引けをとらないぐらい愛してやまない感じだが、先の村上龍との対談でも語っていたように、ウィスキーはヘビーな酒の代表選手でもある。物語の中では、あまり幸福な役柄は回ってこない。

『1973年のピンボール』は特に絶望感の濃い小説で、繰り返される日常にうんざりして「とにかくそんな折にはウィスキーを飲んで寝る。朝起きると状況はもっとひどくなっている。繰り返しだ」と、こんな日々で始まる。

そんなある朝、双子の女の子がベッドの上に忽然と現れる。現実感の全くない、ウィスキーの宿酔がもたらした異界。そう言い切ってしまうと別のお話になってしまうが、双子出現までの順序をたどれば、そう言えなくもない。春樹作品の中で、ウィスキーにはそれぐらい、魔物を呼び寄せる力がある。

同じ頃、「僕」は友人と翻訳の会社をつくる。事務所に「バーボン・ウィスキーを半ダース」買い込んで、一時間おきに飲む生活が続く。二人で楽しく酔っぱらっていたが、五年後の一九七八年には相棒は「初期のアルコール中毒になっていた」。

続く『羊をめぐる冒険』は全篇、現実と幻想が入り混じった話であるが、右翼の大物の使者が現れてから、「僕」は不安を紛らわすようにウィスキーを飲みはじめる。

「二杯めのウィスキーを飲み終えたとき、僕は『いったい何故僕はここにいるんだろう?』という疑問に襲われ」、そこから冒険の旅が始まる。

「トラブルの匂い」がぷんぷんする危険な冒険に出た「僕」は、鼠がかつて住んだ部屋にたどり着く。得体の知れない「羊男」と二人、フォア・ローゼズのオン・ザ・ロックを飲みながら、現実とも非現実ともつかない不思議な会話を交わす。それから三日間、ウィスキーばかりストレートで飲んで寝るだけの無為の日々が続く。

こんな風に一冬を過すとしたら、僕はアルコール中毒になってしまうかもしれない。

そして、事務所の相棒のことを想像する。すべては行き詰まり、「ウィスキーを飲む以外は何も思いつけなかった」、「何もかもがグロテスクで間違っているような気がした」。再び羊男と飲んだあと、一人の部屋で「僕は羊男のグラスにブランデーを二センチばかり注ぎ、一息で飲みくだした。喉が熱くなり、やがて胃が熱くなった」。「目を閉じた次の瞬間にはもう眠っていた。／僕は嫌な夢を見た。とても嫌な、思い出せないほど嫌な夢だった」

ここでのブランデーも、ウィスキーと同じ、悪夢をうみだすヘビーな酩酊の小道具だ。『国境の南、太陽の西』（一九九二年）の「僕」は、かつての作者自身のように、バーを経営している。そのバーに高校時代の同級生がやって来て、昔の恋人の消息を教えてくれる。恋人だったイズミは、いまでは見た目も性格も恐ろしいものに様変わりしてしまったという。近隣の子供たちが怖がるほどに――。「僕」は一人になっても真っ暗な店内でウィスキーをストレートで飲み続けた。

みんなどんどん消えていってしまうんだ。

落ち込んだ気分で店を出て、細かい雨の降る道路を歩いて帰る。

午前四時の街はひどくうらぶれて汚らしく見えた。そのいたるところに腐敗と崩壊の影がうかがえた。そしてそこにはまた僕自身の存在も含まれていた。まるで壁に焼きつけられた影のように。

「ポンペイ最後の日」を思わせる世界崩壊の気分を、ウィスキーの酔いがもたらす。この時の「僕」は、手ひどく自身を痛めつけようとして飲んでいたのだ。

短篇「雨やどり」(『回転木馬のデッドヒート』一九八五年)は、都心のバーで、かつて編集者だった美人と偶然再会するところから始まる。二人でシーヴァス・リーガルのオン・ザ・ロックを飲みながら、彼女の打ち明け話を聞く。会社を辞めたあと、神経がたかぶって眠れない日々が続き、夜な夜なバーやクラブで終電まで飲んだという。ある晩、中年紳士のおごりでジャック・ダニエルズを飲みながら、冗談のようななりゆきで自分を高級娼婦に擬してしまう。妙に気持ちがスッキリして、それから四回、それぞれ別のバーで男に体を売ったという。ピスタチオをつまみに、シーヴァスのオン・ザ・ロックをおかわりしながら、彼女の話は続いた。

どうしてそんなことをしたのか、理由は語られない。たぶん彼女自身にもうまく語れないことなのだろう。なんにせよ、非日常への転換点にはいつも、ウィスキーがあった。

のちの『ねじまき鳥クロニクル』(一九九四～九五年)の加納クレタと、『1Q84』(二〇〇九～一〇年)の青豆は、この「雨やどり」の女性を二分割したもののようだ。一方は無感動に男から金だけを徴収し、一方は金をとらず行きずりの快楽だけを貪った。

その『ねじまき鳥クロニクル』。異界のホテルにある、自分の心の奥底につながる恐怖の部屋には、カティーサークの瓶と氷とグラスが必ず置いてある。不穏なものを内にはらむカティーサーク。それを運んでくるボーイはいつも、ロッシーニの歌劇「泥棒かささぎ」序曲を口笛で吹いている。

キューブリックの伝説的SF映画「時計じかけのオレンジ」で、半グレのグループが最も激しい暴力を使うシーンで流れた曲だ。ゆったりしたメロディーに、ひょうきんなリズムがアクセントになって心地よい。暴力シーンとは対極にある曲だからこそ、視界に入る残虐さがより際立っておぞましく映る仕掛けだった。

「僕」は真っ暗闇の中、問題の部屋にいた謎の女と、カティーサークのオン・ザ・ロックを飲む。ほかでもないこの「僕」が、人を自分の手で殴り殺さねばならない、その直前の儀式のように――。

「僕」は〝現実〟でも一度、暴力衝動を解き放っていた。その時もウィスキーで変な酔い方をしていて、バットで殴りつけた男の返り血をいっぱい浴びたまま、ボトルに残っていたスコッチウィスキーを飲み干した。そして、ひどい夢をみる。悪酔いと悪夢と暴力と、ウィスキーは密接に結びついていた。

『1Q84』の青豆も、やはりカティーサークのオン・ザ・ロックをあおる。殺し屋の彼女は、普段はバーでジン・トニックやトム・コリンズ、ダイキリなどのカクテルやワインを飲んでいる。「あまりウィスキーを飲まない」とわざわざ書かれている。

殺しの仕事を終えて、自分への褒美として男を引っかける時だけ、青豆はウィスキーを飲む。

こういうところも「雨やどり」の女性に似ている。

青豆はまた、女友達をまじえて乱交に入るときにも、記憶がなくなるほどウィスキーを飲んでいた。

青豆の運命の恋人天吾は、これも普段はビールが多く、ウィスキーはあまり飲まない。が、青豆に関する啓示のようなものを受けとめた瞬間、バーボンのオン・ザ・ロックにスイッチする。そして、ある大事な記憶にたどりつく。店を出て空を見上げ、月が二つあることを発見する。それは天吾が自らの創作世界でこしらえた空そのものだった。異世界への突破口の役割をウィスキーが果たすようだ。

『海辺のカフカ』(二〇〇二年)に至っては、猫の生首をコレクションしている猟奇殺戮者の名前がジョニー・ウォーカーであった。猫と話ができる心やさしい老人は、猫たちを助けるために、悪魔ジョニー・ウォーカーをひと突きに刺し殺す。

春樹作品には意外に暴力シーンや殺戮シーンが登場し、そこにウィスキーがからんでいることが多い。

『世界の終りとハードボイルド・ワンダーランド』(一九八五年)は、長い割に印象的な飲酒のシーンが少ないのだが、そのせいだろうか、部屋に侵入してきた大男が「私」の輸入ウィスキーのストックを全部たたき割るシーンが印象に残る。

男はまずワイルド・ターキーを二本叩き割り、次にカティー・サークに移り、I・W・ハーパーを三本始末し、ジャック・ダニエルズ二本を砕き、フォア・ローゼズを葬り、ヘイグを粉みじんにし、最後にシーヴァス・リーガルを半ダースまとめて抹殺した。音もすさまじかったが、匂いもそれ以上だった。なにしろ私の約半年かけて飲むぶんのウィスキーを一度に叩き割ったのだから、並の匂いではない。部屋じゅうがウィスキーの匂いでいっぱいになった。

バーボン4、スコッチ3の割合だ。題名のとおりハードボイルドな世界にウィスキーはよく似合う。

カクテル・ワイン・日本酒

春樹作品の中にはカクテルも各種出てくるが、ウォッカ・トニックやジン・トニックなどは、ビールのように軽く飲む程度であることが多い。

印象的だったのは、初期三部作の六年後に執筆された続篇『ダンス・ダンス・ダンス』（一九八八年）。数多くの人の死をあらかじめ予言された不吉な物語で、「僕」はかつての冒険をたどり直すように札幌の「いるかホテル」を再訪する。フロント係のユミヨシさんから話を聞くため、近くのバーで「僕」はJ＆Bの水割りを、彼女はブラディー・マリーを飲む。血のように赤いカクテル。そして「僕」のウィスキー。どちらも不穏なイメージがある。そこからやはり、この世にあらざるものの話が始まる。ホテルの一六階でエレベーターを降りると、そこは真っ暗な、時空のねじ曲がった別のホテルに変わっていて、幽霊らしきものが近づいてきたという。

それから「僕」も何度か試すのだが、一六階は普通の明るい一六階でしかなかった。しかし、ホテルのバーで閉店までマティーニを飲んでエレベーターに乗ると、押したつもりのない一六階に着き、そこは真っ暗闇だった。そして羊男と再会することになる。

ここでのマティーニは、ウィスキーと同じように、異界の扉を開く。

短篇「午後の最後の芝生」（『中国行きのスロウ・ボート』一九八三年）で、「僕」を芝刈りのバイトに雇ってくれたセレブ風の女主人は、「僕」の仕事ぶりを眺めながら、ずうっと酒を飲んでいた。ビール、ウィスキーの水割り、ウォッカ・トニックと立て続けに。

死んだ亭主の話がちらっと出てくる。長く不在のままの娘の部屋にも案内され、だだっ広い洋風の豪邸に、彼女はたった一人なのだとわかってくる。そしてたぶん、アルコール依存症なのだ。「僕」はウォッカ・トニックの相伴にあずかる。爽やかでカラッとした夏の日、冷たいカクテルが気持ちよく、そして底知れない喪失感に浸されている。

ここでのウォッカ・トニックは、三部作のビールと同じ使われ方だ。

『ノルウェイの森』(一九八七年)で、ガールフレンドの緑と「僕」が、真っ昼間に新宿のジャズバー「DUG」で飲むのもウォッカ・トニックだった。なかよく五杯ずつ。例によって、注文した回数まできちんと書かれていて、読むだけでも飲んだ気分になってくる。

「たまに世の中が辛くなると、ここに来てウォッカ・トニックを飲むのよ」と緑は言う。

辛い理由はいろいろだと言葉を濁すが、「僕」の心が療養所にいる直子に縛られていることが、緑にはいちばん辛いことなんじゃないかと、どうしてもそう思えてならない。

やっぱり、ジェイズ・バーで鼠と飲んだビールのことが思い浮かぶような、少し青春の苦みがくっついたシーンだ。

ワインはスノッブ、と先の対談で語っていたように、それ相応の場面でワインが登場する。『スプートニクの恋人』（一九九九年）のミュウはワインのディーラーなので、レストランで高価なワインを頼んでもガブ飲みはしない。半分以上残して帰る。もったいないという意見に対して、ミュウは面白い返しをする。

ワインというのはね、たくさん残せば残すほど、多くのお店の人たちが味見できるの。ソムリエ、ヘッドウェイターから、いちばん下の水を注ぐだけの人までね。そうやってみんなでワインの味を覚えていくわけ。だから上等なワインを注文して残していくのは、むだじゃないのよ。

そんなミュウに、同性のすみれは強烈に惹かれている。ミュウが「グラスの中でワインをくるりと小さく回転させ」すみれを褒めたとき、すみれは苦しいほどの恋心を実感するのだ。

短篇「レキシントンの幽霊」（一九九六年）は、ボストン郊外の資産家の友人宅で留守番を頼まれた一夜の話。「僕」は友人が用意してくれたモンテプルチアーノの赤ワインを飲む。ブリー・チーズとクラッカーがつまみ。資産家にしては、あんがい庶民的だ。

春樹の場合、ワインに対するこだわりはあまりないようだ。

初期のエッセイ「酒について②」(『村上朝日堂の逆襲』一九八六年)の中で、「ワインは最近になってずいぶん飲むようになった」と語っているが、「いちばん安いカリフォルニア・ワインを買ってきてペリエで割ってそこにレモンをしぼり、ジュースがわりにガブガブ飲むというかなり無茶苦茶なものである。しかしこれが結構うまい」という具合である。

日本酒はあまり出てこなくて、ごく初期のショートショート「ステレオタイプ」(『夢で会いましょう』一九八一年)に、ひどいイメージが語られている。山奥で自給自足の生活をおくる元芸術家、というヒッピーくずれの典型みたいな男の話を聞いて、「僕」は想像する。

日本酒の地酒を冷やで飲んで、興がのると春歌うたうでしょ、その人。

ステレオタイプというタイトルから思いついたジョークなのだが、これはちょっとタチが悪い。実際ホントによくあるタイプなだけに、一段とタチが悪い。春樹作品に日本酒があまり登場しないわけがよくわかる。

「酒について②」によると、こんな体験があったらしい。

学生時代に毎日のように近所の飲み屋で飲んだくれていた時期があった。たいていは安い日本酒で、それをガブガブ飲むものだから当然悪酔いした。

馬鹿騒ぎは四カ月ばかり続き、その後は日本酒をほとんど飲まなくなったというのだ。しかし、これは先の対談でビールについて経験したことと同様なので、日本酒だけ毛嫌いする理由にはならない。

もっとも、備考で「最近どういうわけか日本酒が大好きになって、昼間からソバ屋でちびちびと飲むということが多くなってしまった」とも書いている。安西水丸に連れて行かれる料亭では「銀嶺立山」などの銘酒を飲ませてもらっていたらしい。

そんな当時の日常が影響したのか、『ダンス・ダンス・ダンス』の「僕」は、ホテルの近くの飲み屋が気に入って、珍しく日本酒をお燗して何度か飲んでいる。燗酒がほしくなるのは、雪の降りしきる札幌の夜だからでもあろうか。

とはいえ、日本酒を飲んでもあまり変わったことは起こらず、ウィスキーのオン・ザ・ロックを何杯か飲んだ時に、「僕」は部屋の中に動物めいた何ものかの気配を感じるのだ。

今後、村上春樹が日本酒やワインにもっと興味をもつことがあれば、また全然ちがう作品世界が開けるのかもしれない。


三〇年ほど前、『1973年のピンボール』が文庫になったのを機に、持っていた単行本を古本屋に売りに行ったことがある。

「タダでよければ引き取りますよ」と言われて、「そんなバカな。初版本ですよ。数十年もたてば相当値が上がるはずです」と言い張ったが、店のアルジは「まだ評価も定まってないし、数十年後まで名前が残ってるかどうか、ね」とせせら笑う。

「いずれノーベル賞とりますから。その時になって後悔しても遅いですよ」

私は売るのをやめ、捨てぜりふを残して店を出た。アルジは最後まで笑っていた。

本号発行の頃には、二〇一四年のノーベル文学賞が発表されているだろう。私はそろそろアルジを見返してやりたいのだが……。


(二〇一四年一〇月)

「死人の箱にゃあ15人、ヨーホーホー、おまけにラム酒が一瓶だァ！」

R・L・スティーブンソン『宝島』

サバイバルはラム酒で

『徒然草』にこんな話がある。

平宣時朝臣《たいらののぶときあそん》が夜更けに最明寺《さいみょうじ》入道に呼ばれて駆けつけると、入道はお銚子を用意して待っている。みんな寝静まった時間だから、酒の肴を出せとは命じられない。探してみると、台所の棚に味噌が少しだけこびりついた小さな器が見つかる。「それで事足りる」と、二人は喜んで酒を酌み交わした、という話。

昔は倹約の手本として修身の教科書にも載ったそうだが、ホントに倹約するなら夜中に酒なんて飲まなきゃいいワケで、修身道徳ってヤツは昔からピントがずれていた。

と言っても、どれだけツマミで倹約しようと酒だけは削れない、というのが酒飲みの正直な弁だろう。徒然草を倹約の手本にした道徳家も大酒飲みだったに違いない。

倹約が必然のサバイバル物語でも、酒は必須アイテムである。無人島に漂着したロビンソン・クルーソーは、貯えのラム酒をちびちびと大切に飲んだ。自分で酒を造るのは酵母菌の調達などの問題で難しい。ロビンソンもビール造りに失敗したから、貴重なラム酒は結局二〇年以上ももたせている。

私は少年時代、『ロビンソン・クルーソー』を繰り返し読んで、いつか来るサバイバルの日々にそなえていた。何だったかのサバイバル物語では、空腹の極みに本革のベルトをナイフで切って食べるシーンがあり、新品のベルトを買ってもらった時には忘れずに切れ端をかじってみた。小便を澄んだ水に変える濾過装置の勉強もした。

そうして子供心にラム酒に憧れていた。

同じ頃に読んだ『宝島』もサバイバルの香りに満ちた海洋冒険譚だが、ここでもやはり、出てくるのはラム酒だ。

死人の箱にゃあ15人、ヨーホーホー、おまけにラム酒が一瓶だァ!

今でも憶えのある海賊たちの歌を、映画「パイレーツ・オブ・カリビアン」を見た時に思い出したが、映画はまさに『宝島』の歌を借用していたらしい。「死人の箱」とは「dead man's chest」のこと。

若い頃からロビンソン志向だった高村光太郎は、戦後すぐに岩手で独居自炊の山小屋生活を始めた。「自己流謫《るたく》」との自称は「流刑」の意味で、気分はまさにロビンソンだ。もともと冬が好きな男だが、ヒゲまで凍る中で寝起きする厳寒の日々はつらかったのだろう、毎日、甘酒を醸すようになる。今日のはチョット醸し足りなかったとか、今日のは最高とか、自己品評にも余念がない。

ちゃんとアルコールの入った酒も当然欠かせない。日記を読むと、来訪者からの差し入れが多く、酒にはあまり困らなかったようだ。ビールやウイスキーをよく飲んでいる。

小屋の周りに自生するフキノトウなどがツマミになった。そのまま生で食べたり、味噌汁に入れたり、フキ味噌にしたり。現代日本のロビンソンは、なんとなく贅沢である。『徒然草』の味噌に、フキノトウかエシャロット、ミョウガ、ショウガなどがあると、もはや倹約のケの字も浮かばない、最高のツマミに変わるだろう。

（二〇〇八年八月）

父は、わたしにやし酒を飲むことだけしか能のないのに気がついて、わたしのため専属のやし酒造りの名人を雇ってくれた。彼の仕事は、わたしのため毎日やし酒を造ってくれることであった。

エイモス・チュツオーラ「やし酒飲み」

ヤシ酒が飲みたい！

池澤夏樹が一人で選んだ『世界文学全集』（河出書房新社）の中に、「やし酒飲み」という変テコな小説が入っている。書いたのはチュツオーラ。全然知らない名前だが、アフリカのヨルバ族の人らしい。

一〇歳の頃からヤシ酒を飲むことしか能がない主人公、という設定がまずブッ飛んでいる。父親が雇ってくれたヤシ酒造り名人が死んでしまい、彼は名人を呼び戻そうと死者の国まで旅に出る。途中、さまざまな怪物たちに狙われる『古事記』みたいな物語。怪物たちのエピソードもそれはそれで面白いが、なんといっても冒頭が最高だ。

毎日二二五タルのヤシ酒を飲み干す。夜も寝ないで飲む。カラダはもう生水を受けつけない。名人が死ぬまで一五年間、そのようにしてヤシ酒を飲みつづけたというから、それはさすがに「とりえ」と呼べる能力だろう。

ヤシ酒ってのはそんなに旨いものなのか。飲んでみたくてたまらなくなった。

調べてみると、ヤシの樹液を壺などに溜めておくだけで、半日ぐらいで自然発酵して酒になるという。なんともお手軽な、猿酒みたいなシロモノだ。残念ながら、その後もどんどん発酵が進んですぐ酢になってしまうので、現地でないと本物は飲めない。同じヤシ酒でもアラックなどの蒸留酒とは別モノだ。

濱屋悦次『ヤシ酒の科学』によると、「かなり上質の濁酒《どぶろく》をリンゴなどの果汁で少々薄めた感じ」で、酸味や雑味はヤシの種類によっていろいろらしい。ココヤシはやや味が劣るようだが、それでも悪くはなさそうだ。

私はもともとココナッツには目がない。ジュースも乾燥させたチップもナタ・デ・ココも大好きだ。オーストラリアに旅行した折には、丸ごとヤシの実を買って飲み、コプラを削って食べた。一リットル近く入っていて飲み干すのも大変だったが、その時間のなんと幸せだったことか。無人島で、一種類の食べ物だけ許されるなら断然ココナッツにする。

同じく池澤夏樹のデビュー作『夏の朝の成層圏』が思い浮かぶ。無人島に漂着した男のサバイバル物語。島にはココヤシの木がたくさん生えているのだが、実を落とすにも切り開くにも相当な苦心と脳ミソとが必要になる、その過程の克明な描写がゾクゾクするほどいい。ようやく果汁が喉をうるおした時の爽涼感。内側の果肉をコプラと呼ぶことも、この小説で初めて知った。『ロビンソン・クルーソー』以来、漂流記小説は無数に書かれたが、これは最良の成果といえるだろう。
池澤はチュツオーラの「やし酒飲み」を読んで悔しがったに違いない。知っていれば酒も造らせたのに——と。飲用・食用になる上に酒まで醸せるなら本当に申し分ない。
その後、池澤が『ヤシ酒の科学』の書評を書いていたことを知った。こんな感想だ。

ぼくの家は沖縄にある。ココヤシは無理だが、ここで育つヤシもある。数本植えておけばもう酒には困らないはず。とは言うものの、ヤシの花序は頂にある。毎日朝夕、高さ二〇メートル以上の幹に登ってヤシ液を回収し、花序の切り口を切り直さなければならない。やはり家でヤシ酒というのは無理か。

『夏の朝の成層圏』の主人公は「ヤスシ」という名で、ニックネームは「ヤシ」だった。池澤は処女作からずっと、ヤシに取り憑かれている。私もまた、池澤のせいで……。

（二〇一〇年二月）

「どうして酒なんか飲むの？」

「忘れたいからさ」

「何を忘れたいの？」

「恥ずかしい気持ちを忘れたいんだよ」

「何が恥ずかしいの？」

「酒を飲むことがさ！」

サン＝テグジュペリ『星の王子さま』

夕焼け色のワイン

サン＝テグジュペリの『星の王子さま』に、童話には場違いのようなアル中オヤジが登場する。暗い顔をして黙りこくって、ひたすら酒を飲みつづける男。「なぜ、酒なんかのむの？」王子さまが訊くと「忘れたいからさ」と答える。恥ずかしい気持ちを忘れたいのだ、と。「何が恥ずかしいの？」重ねて訊けば、「酒を飲むことがさ！」男はそれきり、また黙りこくってしまった。

このくだりを読んで、太宰治の『津軽』本編の冒頭を思い出した。

「ね、なぜ旅に出るの？」

「苦しいからさ」

日常ではありえない会話。太宰のことだから半分ギャグで書いてるんだろうが、酒飲みの堂々めぐりの屁理屈と根っこでつながっているようで、やっぱりちょっと切ない。

太宰の晩年の短篇はみんな、屁理屈でできている。酒と女におぼれる自分を「義のために遊んでいる」と正当化し、ぜいたく品のサクランボを酒のつまみにパクパク食べながら「子供よりも親が大事」と悪びれる。

べろんべろんに酔っぱらい、こけて泥まみれになって「わたしゃ売られて行くわいな」と蚊の鳴く声で歌う。時には「ギロチン、ギロチン、シュルシュルシュ」と、でっちあげの歌をわめき散らす。

飲まずに生きていられない人の話は、滑稽で、悲しい。ただ酔えればいい、そう思って飲むのはアル中への一本道だ。太宰もご多分に漏れず、酒の味が嫌いで、酔うためだけに飲んだ。酔いが醒めれば慚愧《ざんき》の念に堪えかねて、また飲む。

太宰の盟友、坂口安吾もやっぱりそうで、「息を殺して、薬のように飲み下している」。太宰はアル中になる前に自殺して果て、安吾は酒から薬に乗り換えた。

私は太宰も安吾も大好きで、そうして酒はどの酒類に限らず旨みを味わって飲むのだが、二人はこの旨さを知らない。好きな人たちが、苦しむために飲んでいたなんて、悲しすぎる。

星の王子さまは、夕焼けが大好きだった。彼のいた星はとても小さくて、ちょっと歩けば世界一周できたから、ある日には四四回も日の入りを見たと言う。

だって……かなしいときって、入り日がすきになるものだろ……

夕陽を追いつづける王子の切なさは、酒を飲まずにいられないアル中オヤジの心象と、それほど隔たっていない。

先頃、友人夫婦から陶婚（結婚二〇年）のお祝いにマルゴーのワインをもらった。「シャトー・マレスコ・サン＝テグジュペリ１９８９」

年数を合わせてもらえたのも感激だが、この稿を構想しはじめた矢先だったので、偶然の一致に驚いた。この「サン＝テグジュペリ」は作家のひいじいさんに当たるそうで、マルゴーの中でも評価の高いシャトーだ。

フルボディということだが、味はすっきりとまろやかで、余韻も上品に淡い。色も澄明で、窓辺にかざすと真昼の空に夕陽の朱が溶かし込まれたように美しく、甘美な酔いがひと筋、あとを引いた。

（二〇〇九年五月）

クーパーはにっと彼女に笑いかけると、シャンペン・グラスの縁にめぐらされたサンデッキの無重量飛びこみ台からゆっくり足をけりだした。

ジョン・ヴァーリイ『ブルー・シャンペン』

シャンパン・バブル

ジョン・ヴァーリイのSF『ブルー・シャンペン』は、シャンパングラスに似た形状のリゾート人工衛星が舞台になっている。グラスの底にあたる部分が人々の居住区で、細い脚をくぐりぬけると、二億リットルの水をたたえた球形の巨大プールに出るのだ。

もちろんプールの水はシャンパンではないが、アクアマリンの色にきらめき、恋人たちを甘い陶酔へといざなう。泳ぎのコツをつかめば、水中から飛び出して「彗星の尾のように水しぶきをひきながら」数分間も空中に浮かんでいられた。夜には宇宙空間へ無防備な裸身をさらして、水面をたゆたっていればよかった。

グラスのふくらみが球に近いということは、いま主流のフルート型グラスではなくて、シャンパンタワーをやるような広口タイプのグラスが想定されてるのだろう。書かれたのは一九八一年なので、たぶんそんなところだ。

シャンパンタワーは結婚披露宴などを盛り上げる仕掛けとして有名だったが、いまではホストクラブのほうが先に思い浮かんでしまって、ちょっとイメージが悪くなった。愚かな純愛をせせら笑い、貯金の最後の一円までしぼりとる悪魔のタワー。

それでなくても、タワーには一種、バブリーな気分がつきまとう。

バブル景気まっさかりの頃は、老いも若きも金づかいが荒かった。金のない人だって、話のタネにドンペリを飲んだものだ。

一九八〇年代後半の頃、極貧のフリーターだった私も、賭けに負けて（このへんは小声で）ドンペリをおごらされたことがあった。当時は並行輸入品も売ってなくて、家賃ひと月ぶんぐらい吹っ飛んだんじゃないかと思う。ちなみにアパートの部屋代は一万五〇〇〇円で、私のほかにシロアリがいっぱい住んでいたので、決して安くはなかった。

ドン・ペリニヨンにはいまだにセレブ感があるが、とにかくバブルといえばシャンパンだった。映画「プリティ・ウーマン」が公開された一九九〇年のクリスマスには、みんなセレブ気どりでシャンパンにイチゴを添えた。

『ブルー・シャンペン』の日本語版が刊行されたのは一九九四年。ボディコン・ギャルたちのお立ち台で有名なディスコ「ジュリアナ東京」が閉店した年で、折しもバブル崩壊がささやかれ始めた時期だったが、巨大プールの名称は偶然にも「バブル」となっている。

名前のとおり、プールがシャンパンで満たされていたら一層バブリーで楽しかろう、などと妄想していたら、筒井康隆の小品でまさにそんなのがあったのを思い出した。タイトルは「あるいは酒でいっぱいの海」。

化学反応で水をアルコールに変える世紀の発明をした科学者が、発明品をうっかりこぼし、連鎖反応で世界中の海が……という壮大なホラ話。

世界中の海が酒に変わってしまった世界はどんなだろう。酒臭さに堪えかねて吐きもどす人が続出するかもしれないな。泳ぎながら吐かれた日には、連鎖反応で「あるいはゲロでいっぱいの海」なんてことになりかねない。

ロマンティックな「バブル」の海は、やっぱりとことんバブリーであったほうがよさそうだ。生活臭は厳禁。酒もほどほどにタシナむのがベターでしょうね、セレブとしては。

（二〇一〇年一一月）

その夜は、敏感な人間なら誰しも酔っぱらいたくなるような夜だった。町の住宅街の街路樹は、やわらかな緑の葉のよそおいをまとったばかり、家々の裏庭では男たちが野菜畑をぶらついており、大気には、ひそかな、何かを待ち受けるような沈黙の気配があって、それが人々の血を騒がせるのだった。

シャーウッド・アンダソン「酒」

オハイオ州ワイン町

尾崎士郎が一九二九年に創刊した同人雑誌に、アンダソン『ワインズバーグ・オハイオ』の翻訳が載った。二二篇の連作短篇から成るアメリカ文学の名作。雑誌での翻訳タイトルは「オハヨ州ワインズバーグ」だった。

原題は *Winesburg, Ohio* なので、昔の訳のほうがむしろ正しい。「・」でつなぐのは「三鷹市・東京都」とか「神戸市・兵庫県」などと書くようなもので、ちょっと変だ。

さらに、バーグは町のことを表す接尾語なので、つまり「オハイオ州ワイン町」ということになる。これは読まずにいられない。

町にはワイン・クリークなる小川も流れている。ワイン浸りの酔っぱらいがうじゃうじゃ現れるんだろうと期待して読みはじめたが、案外ふつうの町で、ちょっと拍子抜けした。

それでも、酒がらみで印象に残ったエピソードが二つある。

一つは、その名も「酒」と題する短篇。

主人公の青年トムは、穏やかで優しい典型的な草食男子だった。飲む打つ買う、どれもやらない。なんの欲望もわかず、何ものにも心が動かない。それで幸福だと思っていた。ある日、初めて酒に酔った。大暴れして、酔いがさめたあと、トムは悪酔いできたことが「幸せだった」と言う。

「苦しみたいと思いました。何としても傷つきたかったんです。そういう思いをしなくちゃいけないんだ、と思ったんです」

最近、映画化&アニメ化された岩明均の漫画『寄生獣』の主人公とイメージがダブった。寄生生物に右手を乗っとられた新一は、しだいに感情まで寄生生物に近づいていく。友人の死を見てもすぐに冷静に戻ってしまう。感情が動かないのだ。それがもとでみんなに怖がられたり嫌悪されたりする。感情がほしい、悲しいと思いたい、そんな熱望もまたすぐに冷めてしまう。悲しいことに――。

「酒」のトムも同じ。恥ずかしい思いをしたり、悲しんだり苦しんだり、そんなことがきっと、生きている実感に結びつく。

印象に残ったもう一つの短篇は「タンディ」。

よその町からやって来たアル中男と、スポイルされ続けた七歳の少女とのささやかな交流の話。本当に愛されるべき女性とは敗北し続けている人だと、アル中男は熱心に語る。「敗北することによって、女としての新しさが生れてきたんだから。ぼくはそれに名前をつけたよ。タンディっていうんだ。（中略）それは愛されるだけの強さがあるという資質なんだ」男は少女の手にキスをして「お嬢ちゃん、タンディになるんだよ」と祈るように言う。その後、少女は自分の名前を呼ばれると「そんな名前は嫌い」と大泣きする。「タンディになりたいよう。タンディになりたいよう」

たったこれだけの、ごく短い話。タンディという苗字は普通にあるが、名前では珍しいのかもしれない。まれにあっても男の名だ。

原題は「Tandy」。女優のタンディ・ニュートンは「Thandie」で、これは母親の出身国ジンバブエの言葉に由来し、「最愛なる者」の意味らしい。南アフリカのワイン「タンディ」も綴りは「Thandi」で、同様の意味だ。

アンダソンが「タンディ」という名を考えついた経緯はわからないが、ワイン川の流れるワイン町で、アンダソンは少女タンディが強い女性に育ち、みんなに愛されている未来をありありと思い描いていたにちがいない。

（二〇一五年四月）

「キムさん、こんばんは。おいらたち、酒が飲みたいんだけど、いま、お金がない。ちょっとお金を貸しておくれ。かならず、あしたの晩、返すからさ」

トッケビは、「かならず、あしたの晩、返すからさ」という約束を守って、なんと、毎晩、お金を返しにきたのです。

神谷丹路訳『だまされたトッケビ――韓国の昔話』

マッコリこわい

数年前から、韓国料理店に行くと必ずマッコリを頼むようになった。日本のドブロクよりアルコール度数がずっと低く、自然の甘味と発酵による酸味が独特でクセになる。休みなくカップに手がのびてしまうヤバイ酒だ。

行きつけの新大久保の店では、学校給食の時間を思わせる大きなアルミのやかんで出てくる。これがまた、いい感じだ。ところどころイビツにへこんだりしてる大やかんが大衆酒には似合っている。

韓国の民話で酒の話題を探すと、トッケビという化け物の話に行き当たる。日本の鬼に似て、お話によって性質はかなり違うが、概して酒好き遊び好きのイタズラ小僧みたいな奴らだ。飲むのはきっとマッコリだろう。

「だまされたトッケビ」に出てくる奴は、礼儀正しくバカ正直、というよりバカである。ある晩、キムさん宅に一匹のトッケビが現れ、酒が飲みたくなったから金を貸してくれと言う。

「必ず明日の晩、返すからさ」と借金して行ったトッケビは、翌日から毎晩お金を返しに来る。毎晩「明日の晩」が来るからだ。大金持ちになったキムさんが人にそのワケを話していたところ、トッケビが小耳に入れ、怒ってキムさんの畑を石で埋め尽くしてしまう。キムさんは一計を案じ、わざと大声で喜んでみせる。これで畑が凍らないですむ、よかったよかった、犬の糞でもまかれた日にゃ畑は大なしだったわい。翌朝、畑一面たっぷりのこやしがまかれて、よく作物が実ったという話。

トッケビが一休さんだったら、明日が来たらまた明日で、ずる賢く永遠に返さないで済ますところだ。だまされっぱなしで終わってしまうので、笑ったアトがちょっと切ない。

トッケビは打ち出の小槌みたいな魔法の棍棒を持っていることもあり、それを叩けば欲しいものは何でも出てくる。本当はキムさんに酒やら金やら借りる必要は全然なかった。

韓国通の友人によると、韓国には「流しマッコリ」の店があるそうだ。テーブルの溝を流しそうめんみたいにマッコリが流れていて、三時間ぐらい飲み放題だという。これなら魔法の棍棒も要らない。

民話にはこんなのもある。山小屋の老人と一匹のトッケビが酒を酌み交わす日々を重ねるうち、老人は川面に映る自分の姿がトッケビに似てきたことに気がつき、怖くなる。トッケビの最も怖いものを訊くと、血だというので、老人は牛の血を家じゅうにまいてトッケビを追い払う。自分はお金が怖いと答えておいたため、トッケビは大金を老人にぶちまけて去ったという話。マッコリが怖いと言っておけば、家の中はいつでも流しマッコリだ。

けれども、一人暮らしの老人が大金持ちになって何のトクがあるだろう。仲よしになったなら、自分もトッケビになって愉快に酒飲んで笑ってるほうが楽しくないか？

まあそうはいっても、自分が化け物に変身していくのはやっぱり怖い。相手が幽霊なら「牡丹灯籠」だ。幽霊と情を交わすうちに自分も幽霊みたいにげっそり頬がこけていく。山田太一『異人たちとの夏』では、愛人や両親の亡霊に連れて行かれそうになった。この話でも、どうしようもない孤独に落ちていた主人公にとっては、トッケビみたいに人なつっこい父チャン母チャンと一緒に楽しく死んでいられたほうが幸せだったかもしれない。

（二〇一一年二月）

花びら三枚に、桜桃二粒を添えて舌端に載せると
たちまち口の中一ぱいの美酒、含んでいるだけでも、
うっとりする。軽快に喉をくすぐりながら通過して、
体内にぽっと灯りがともったような嬉しい気持にな
る。

太宰治「浦島さん」

不老不死の酒

二月頃、妻の同級生だった女性が突然上京して、三人でディズニーシーへ行くことになった。彼女のダンナサンは下戸なので、結婚以来、酒量はめっきり減ったという。でもディズニーランドと違って、シーでは園内で酒が飲める。彼女は毎晩せっせと養命酒を飲んで「本番」にそなえたそうだ。

養命酒のアルコール度は一四度。強い酒ではないが「医薬品」でもあるので、ガブ飲みするのは危険だろう。注意しとかなきゃと思った矢先、玄関に現れた彼女は血色よく健康そのもの、一〇年ぐらい若返った感じだった。

養命ならぬ養老の滝には、若返りの酒がわき出る泉の伝説がある。『古今著聞集』などに載っている話で、酒好きの老父を養う木こりの息子が岩場をすべり落ちて発見する。この酒を飲んだ老父は白髪が黒くなり、顔のシワも消えてしまったという。

時の女帝元正天皇は、奇瑞をめでて元号は養老に改められた。自分でも飲んだり全身に浴びたりして、「朕《ちん》の肌も滑らかになりました。痛む所を洗ったらすっかり治りました」と語ったとか。女帝は当時三六、七の女ざかり。「朕」の自称に禁断のエロスがにじむ。

若返りや不老長寿をもたらす酒や霊水の伝説は、世界中あちこちにある。

ギリシャ神話にはネクタル、インド神話ではアムリタ、ゾロアスター教ではハオマという神酒がある。キリスト教では、と言って「インディ・ジョーンズ」を例に出すのも気がひけるが、第三作「最後の聖戦」ではキリストの聖杯で汲んだ水はどんな傷でもたちどころに治し、聖杯を守る十字軍の騎士は何百歳だか知れなかった。

中世の錬金術で究極の目標とされたのも不老不死の霊薬エリクサーの製造だったし、人間は大昔から死ぬ苦しみから逃れる道を懸命にさがした。だから、神話や宗教には不老不死の話題が必ずもりこまれ、永遠に生きられる楽園への夢想が語られ続ける。

海中の楽園、竜宮も時間の進まない不死の国で、そこでは連日飲めや歌えの宴会が続く。

太宰治のパロディ小説「浦島さん」では、やはり竜宮の酒は不死の秘薬になっている。「海の桜桃」の花びらを食べると気持ちよく酔い、その実を食べれば三〇〇年老いることがない。花びらだけだと強すぎるので、お好みの数の実と配合して口に含むのだ。乙姫様は全身をつねに微小な金色の魚にとりまかれ「薄布をとおして真白い肌が見える」。

浦島は悩ましい乙姫を観賞しながら、次から次へと桜桃の酒をあおる。

花びら三枚に、桜桃二粒を添えて舌端に載せるとたちまち口の中一ぱいの美酒、含んでいるだけでも、うっとりする。軽快に喉をくすぐりながら通過して、体内にぽっと灯りがともったような嬉しい気持になる。


本当はエロい太宰の本領はこういうところにある。

話は戻って養命酒の彼女、聞いてみると実は、息子の大学入試の付き添いで上京したのだった。試験勉強にいそしむ息子をホテルに残し、カアチャンはディズニーシーで飲み騒いでいたのだ。泰然自若、あと一〇〇年は死なない感じだ。養命酒の力は侮れない。（二〇一〇年八月）

「だって……氷の中のは三鞭酒《シャンペン》よ。——十人の中《うち》九人まで、若《も》しかすれば十人が十人、細君と夕飯を食べるかららって三鞭酒を気張りゃあしないことよ」

宮本百合子「三鞭酒」

シャンパンと三鞭酒

　シャンパンかシャンパンペンか、どっちで書くか迷うところだが、おそらくはフランス語由来か英語由来かで呼び方が分かれたのだろう。明治時代から現代まで両方とも使われ続けているし、呼び方はまあ、人それぞれでよい。

　気になるのは、昔、漢字で「三鞭酒」と書いた例が多いことだ。

　いま「三鞭酒」と書くと、違う酒になってしまう。「さんべんしゅ」、中国語なら「サンピェンチュウ」と読む、知る人ぞ知る強精酒。「鞭」は中国でもムチを表すが、ほかにも動物の陰茎という意味がある。その名のとおり、鹿、オットセイ、狼の三獣から陽根エキスをしぼり取り、生薬などと共に高粱《コーリャン》酒に漬け込んだものらしい。一九六八年に山東省で生まれた比較的新しい酒で、アルコール度四〇度、「ほのかに甘く、コクのある後味が特徴」と宣伝文にある。

　中国でも昔はシャンパンのことを「三鞭酒」と書いたそうだが、陽根酒ができてからは使わなく（使えなく？）なったようだ。

日本でも明治から終戦ごろまでしか使われない当て字で、そんな時代にシャンパンのことを書く作家はやっぱりセレブが多かった。

芥川龍之介や堀辰雄などは、テニスに興じる紳士淑女を眺めながら、シャンパンを抜く音を連想したりしている。

軽井沢で、テニスで、シャンパンだ。

あれは球《たま》の飛ぶのではない。目に見えぬ三鞭酒《シャンパン》を抜いているのである。そのまた三鞭酒《シャンパン》をワイシャツの神々が旨そうに飲んでいるのである。

（芥川「保吉の手帳から」）

宮本百合子に、その名も「三鞭酒《シャンペン》」というタイトルのエッセイがある。都心のホテルのレストランで友人たちと食事していると、アメリカ人の中年男女が来店する。「禿《はげ》」の太った男と「粗末な服装」の女で、彼らがシャンパンを注文するのを見て、あれは夫婦でなく恋人同士だと作者は断言する。

「十人の中《うち》九人まで、若《も》しかすれば十人が十人、細君と夕飯を食べるからって三鞭酒《シャンペン》を気張りゃあしないことよ」

昭和二年の作品だが、当時からシャンパンは特別な場面で飲む酒と決まっていたようだ。「ああ、人生はまだまだよいところだ。あのような禿でも、あのように恋愛が出来る！」

こんな辛辣なコメントまで付けている。

宮本百合子はプロレタリア文学の代表作家だが、すでにお祭しのとおりハイソな家柄の出で、大正時代からアメリカ留学やヨーロッパ外遊などしていたから、シャンパンを飲むＴＰＯも熟知していたのだろう。

宮本は同年から三年間ソ連に滞在し、年々クリスマスの名残が消失していく社会主義国の姿を、一種の無常観を漂わせてエッセイ「モスクワの姿」に書いている。ただし、自分たち日本人は「樅《もみ》の木にローソクをつけて、三鞭酒《シャンペン》をのむというような習慣は子供のときから持ち合わせていない」と、言わずもがなのウンチクを書き添えるところなどに、どうしてもセレブ感がにじみ出てしまう。

現代日本の恋人たちは、宮本が都内で見かけたアメリカ人たちのように、気軽に海外でクリスマスを迎えられるが、中国では少し気をつけたほうがいい。「三鞭酒を」と漢字で書いて頼むと、まちがいなくアレが出てくる。もっとも間違ったおかげで、朝まで楽しいクリスマスイブになる可能性もある、かな？

（二〇一五年一二月）

『お酒をのむべからず』大きな字が幕にうつりました。そしてそれが消えて写真がうつりました。一人のお酒に酔った人間のおじいさんが何かおかしな円いものをつかんでいる景色です。

みんなは足ぶみをして歌いました。

キックキックトントンキックキックトントン

宮沢賢治「雪渡り」

雪見酒

子供の頃、雑誌か何かで雪国のかまくらの写真を見て、切なくなるほどに憧れた。固めた雪の洞内であかりを灯し、子供たちが餅など食べながらくつろいでいる姿が、妙にあったかそうで、幻想的で、それこそ童話の世界のようだった。

大人になってからは、一面に降り積もった雪を眺めながらの雪見風呂と雪見酒に憧れた。両方そろえば最高だろうと思った。天然温泉の露天風呂で、湯船に浮かべた桶にはお銚子とおちょこ。これこそ極楽じゃないか、と妄想はふくらみ、友人夫婦と具体的に計画しかけたこともあった。とはいえ、「ゆゆぎ」を着ても恥ずかしさは残るし、現地の事情やら何やらいろいろと面倒な問題があって、結局うやむやになってしまった。

雪見風呂体験は、中里介山の『大菩薩峠』で有名になった白骨温泉で、念願を果たした。乳白色の濁り湯でゆったりした気分になり、さてそこへお酒の桶を浮かべたら、と想像してみたが、どうもうまく楽しめない。

もともと私は長風呂がそんなに好きじゃなかった。風呂につかりっぱなしで酒を飲むなんて無理だと気がついた。熱い湯の中で、飲むのが燗酒だったりしたら、これはもはや極楽どころか地獄ではないか。

「雪見酒」を辞書で引いてみても、「雪景色を眺めながら酒を飲むこと」とあるだけで、風呂で飲むとは書いてない。『大菩薩峠』の机《つくえ》龍之助も、雪見風呂は楽しんだが、風呂では飲んでなかった。

辞書には、飯田蛇笏《だこつ》の句「雪見酒一《ひ》とくちふくむほがひかな」が引用されている。「ほがひ」は祝いの意味で、神への感謝を言葉にする、というニュアンスがある。たとえば雪国の宿の、あったかい部屋で、雪見障子を半分上へ引き上げ、庭にしんしん降り積もる雪を眺めながら飲んでいる、そんなイメージ。これなら、極楽、極楽と「ほがひ」たくなる。

「雪見」だけなら、芭蕉の句「いざ行かん雪見にころぶところまで」が有名だ。転ぶほど積もった雪景色を肴に、腰にさげた瓢簞から飲む燗酒が冷えた体にしみわたる。酒のことは詠まれてないが、たぶんそんな感じだろう。

宮沢賢治の童話「雪渡り」では、あたり一面の雪が夜のあいだに凍って、「いつもは歩けない黍《きび》の畑の中でも、すすきで一杯だった野原の上でも、すきな方へどこ迄でも行ける」楽しさが描かれている。

「キック、キック、トントン」と、幼い兄妹が雪を踏む音も心地よく響く。

二人の前に子狐が現れ、狐の幻燈会に誘ってくれる。ただし、遊びに来るときは酒を飲んではいけないルールだとか。

「あなたの村の太右衛門さんと、清作さんがお酒をのんでとうとう目がくらんで野原にあるへんてこなおまんじゅうや、おそばを喰べようとした」ことがあったからだ。狐が化かしたんじゃない。オジサンたちが酔っぱらって自分で変なモノを食ったんだよ、というワケ。

気持ちはわかる。いや、狐の気持ちもだが、オジサンたちが雪景色に浮かれてバカみたいに酔っぱらい、変なモノをむしゃむしゃ食って、後になって、オイこりゃ狐に化かされたわい、なんて笑い合いながら、またぞろ大酒カッ食らって雪見に出かけるのだ。

雪見酒の風流は、少し怪談のスパイスが利いてると、いっそう味わい深くなる。


（二〇一七年一二月）

加賀大納言は太閤殿下からもっとも多く鶴料理と鶴血酒をふるまわれたことから虫気《むしけ》持ちとなっておって、近ごろは口から白くて長い虫を二匹も吐いたこともあるそうだ。

中村彰彦『真田三代風雲録』

鶴血酒

鶴は千年生きると昔の人が信じていたかどうかは知らないが、生命力の強い、縁起のよい生き物と思われていたことは間違いない。もとは中国由来なのか、仙人とセットで描かれることも多い霊鳥なので、豊臣秀吉が好んだという話もうなずける。

秀吉は初めて生まれた嫡男に鶴松と名づけ、親しい者を招いた時には、鶴の肉の料理や鶴血《つるち》酒《ざけ》をふるまったという。文字どおり、盃の酒に鶴の血を落として飲むものらしい。

秀吉と古なじみだった前田利家は「太閤殿下からもっとも多く鶴料理と鶴血酒をふるまわれた」と、真田昌幸が幸村（信繁）に語る。大河ドラマ「真田丸」の話ではなく、中村彰彦『真田三代風雲録』下巻「開戦前夜」に書かれたワンシーンである。

「われら山国育ちの者であれば、かようなものは断じて口にいたさぬ」と昌幸が言えば、野鳥獣のナマ食は「腹に虫が湧く、と幼い日に教えていただきました」と幸村も返す。

利家は多量の鶴血酒を飲んだ結果「虫気《むしけ》持ち」となり、「口から白くて長い虫を二匹も吐いた」という。もはや長い命ではないから、利家をトップに立てようという動きは論外、と真田親子は密談しているわけだ。

　アルコールの消毒作用で虫なんて湧かないんじゃないかと思うのだが、事の真偽はともかく、秀吉にしてみれば、いちばん今後を託したい親友を、豪勢にもてなしすぎて殺してしまったことになる。長寿を願ってふるまったのであろう鶴血酒が、逆に命をちぢめてしまったという皮肉。

　吸血鬼でなくても、生きものの血を飲むと、みるみる精力がつきそうな気がする。大昔からスッポンの血は強精剤として飲まれてきたし、生きたマムシを焼酎に浸して作るマムシ酒も強力だ。スッポンや蛇の血を飲んで死んだ話は聞いたことがない。

　ブードゥー教などを引き合いに出すまでもなく、生き血を飲む呪術儀式がとりいれられた宗教は多い。精力やら霊力やら長寿命やら、いろんなモノが付きそうだ。

　坂口安吾の短篇「夜長姫と耳男《みみお》」の耳男は、誰もが恐怖におののくような弥勒《みろく》像を彫りたくて、何十匹もの蛇を引き裂き、生き血をのみほす。完成した弥勒像は伝染病をもはねのける霊力をもった。秘密を知った夜長姫は、耳男をまねて次々と蛇の生き血をすする。姫の願いは「村の人々がみんな死ぬこと」だった。

　生き血をすする美女の図だけでも怖いのに、大量殺戮を夢みる姫の心は、吸血鬼よりも怖い。

小酒井不木《こざかいふぼく》の短篇「血の盃」では、三々九度をする花嫁の盃に、血が降ってくる。

ポタリ！　天井から一滴、赤い液体が盃の中に落ちて、パッと盃一杯に拡がった。ハッと思う途端に続いて又一滴、ポタリと赤い液体が盃の中に落ちて来た。

その絵柄はまるで鶴血酒だ。花嫁は気絶し、人々が天井へ上がってみると、花婿のかつての恋人が屋根裏の梁《はり》で首を吊って死んでいた。彼に性病をうつされ失明したあげく、捨てられて発狂したのだという。花嫁の盃にまっすぐ血がしたたり落ちたのは偶然である。

花婿は天井裏で倒れた時、持っていた蠟燭で目を焼いてしまい、花嫁は高熱の末に脳病で狂ってしまう。失明と発狂も偶然だが……。

血の酒にはやっぱり、呪術的なものが付いてまわる。

（二〇一六年八月）

店の名も、通りの名も、何ひとつとして思いだすことができない。しかし、白と黒のダイヤ模様のタイル張りの床にオガ屑がまかれてあって、それがまるで雨のあとの森のようにいきいきと香りをたてていたことが忘れられない。

開高健『珠玉』

珠玉探求

ロマネ・コンティといえば、ワイン・ファン憧れの最高級銘柄だが、あいにくというか当然というか、私は飲んだことがない。開高健の『ロマネ・コンティ・一九三五年』が文庫になった時、一体どんな味がするのだろうと、ドキドキしながらページを繰ったものだ。

しかし、期待を十分に高めたあと、最初の一口ですべてが変わる。

瞬間、小説家は手ひどい墜落をおぼえた。

オリが溜まりすぎて、どろどろのタール状のものが瓶の内側にべっとり付着していたのだ。「小説家」もガッカリしたろうが、読むほうもガッカリした。文章が精緻であるだけに崩落の感覚はいっそう強かった。

ロマネには程遠いが、同じような幻滅は何度か味わったことがある。一度飲んだイタリアの名品バローロの旨さが忘れられず、何かの記念日でフンパツして買ったら、中身がタールだった。あまりに最悪で、なんの記念日だったかさえ忘れてしまった。それがバローロだったこと、ひどい幻滅とだけが記憶に残っている。

珠玉の美酒探求の話には、見果てぬ夢のイメージがあり、ほろ苦い味がつきまとう。

イギリスの短篇作家コッパードの「天来の美酒」には、「〃楽園〃の緑を麦芽に変えて醸したような」極上のエールが出てくる。蔵元はとうに廃業、主人公の手もとにもラスト一本しかない。伯母が死んだら飲もうと大切にとっておいたが、たまたま訪れた美人にうかうかと出してしまう。直後に伯母が死んだしらせが届く、という怖いお話。

O・ヘンリーの「幻の混合酒《ブレンド》」では、適当にブレンドした樽にとんでもない逸品ができあがる。夢よもう一度というわけで、二人の男が各種の酒を調合してみるが、何カ月たってもうまくできない。諦めかけたところで、欠けていたのはただの水だったとわかる結末。

ロマネ・コンティでは幻滅させられたが、一九九〇年、開高没後に発表された絶筆『珠玉』では、見事にホンモノの光が顕れた。三部作でどれもが宝石にまつわる話だが、鬼神の筆かと溜め息が出るほどの美文が続く。

ほかに趣味もないのにただアクアマリンだけを集めている飲み仲間の老人がいる。彼の家で飲みなおしながら、コレクションを見せてもらう。電灯を消し、ロウソクを灯すと、「闇というもののない大都市の夜の光が石を海にした。掌のなかに海があらわれた」と感じられる。海の青を映す石を愛玩しながら、老人は失われたものを思い、泣きくずれる。

そんな石の表情も凄まじいが、同じだけ、酒についても凝りに凝った描写が多く、濃厚な微《び》醺《くん》が味わえる。ロンドンの酒場のように床にオガ屑をまいてあるバーで、バーテンダーが作るマーティニはこんなふうだ。

氷を白のヴェルモットで洗い、お余りをいさぎよく捨てる。ヴェルモットの薄膜で氷片を包むという形である。それを手早く水夫用のどっしりしたグラスに入れ、あらかじめ瓶ごと冷蔵庫で冷やしてあったジンを注ぎ、レモンの一片をひねってあるかないかぐらいの香りをつける。すると、研ぎたてのナイフの刃のような一杯になる。一日の後味をしみじみと聞ける一杯になる。

酒にひとかたならぬウンチクあった開高ならでは。どんな高級酒よりも、この店で一杯のマーティニを飲んでみたい、とつくづく思う。

（二〇一二年六月）

洋銀の皿に載った小さな奇蹟とも言うべきボンボンには、いつも違う果肉が入っていたので、その素材の微妙な味わいをうまく言い当てるのはむずかしかった。

フリオ・コルタサル「キルケ」

ウイスキーボンボン

毎年、秋冬限定で発売される洋酒入りチョコは、結構アルコール分が多くて旨い。ダークラムの香りだけでやられそうな「ラミー」や、コニャックをとじこめた「バッカス」。発売から四〇年以上になるというから、私が子供の頃からあったわけだが、昔はウイスキーボンボンのほうが主流だった。

初めてボンボンを口にしたのは、小学校六年の頃。仲のいい男女六人ずつのグループができて、よく一緒に遊んだ。双方に好きな相手がいたりしたが、うまく嚙み合うとは限らず、グループの関係を壊さないためには告白しないことが暗黙のルールだった。

バレンタインデーという言葉を初めて聞いたのもその頃だ。一九七四年当時、まだ一般には浸透していない習慣だったが、女の子たちはマセていて、少女雑誌などから恋愛がらみの情報など仕入れていたのだろう。女子グループから男子グループへ贈られたチョコの中に、ウイスキーボンボンがあった。

私と私の親友が好きだった女の子は同じ子で、その子が買ってきたのがボンボンらしいとわかって奪い合いになったけど、結局二人で分け合って食べたんじゃなかったかな。

ボトル型チョコの中に、糖衣にくるまれたウイスキーがたっぷり入っていた。ジャリジャリした糖衣の食感、苦めのチョコと喉に熱いウイスキーがいい感じにマッチしていた。

アルコール度数もラミーなどより高かったと思う。大人の味というなら断然ボンボンだ。初恋ともいえない淡すぎる恋心とくっついて、余計に大人への一歩を感じたものだ。

山本昌代にその名も『ウィスキーボンボン』というタイトルの連作長篇があるが、これも少年の淡い恋と結びついた話だった。異国の地へ去ってゆく少女への思いと同時に、姉と弟の、そうと意識されない程度の恋情が、ボンボンの甘ニガさで表現されていた。

アルゼンチンの作家フリオ・コルタサルの短篇「キルケ」に登場するボンボンは、これはもうほとんど悪夢である。一度読んだら決して忘れられない。

美しい娘デリアと婚約した者は死ぬ、という噂があった。実際、婚約者の一人は自殺し、一人は心臓発作で死んだ。マリオは噂など気にせずデリアの家へ日参、しだいに彼女の心をほどいていく。デリアはリキュールを入れたボンボンを手作りしてくれるようになり、毎日さまざまな味のオリジナル・ボンボンが出来上がった。ミントとナツメグが混ざり合ったもの、マンダリンを仕込んだもの……。

目をつむって味わって、何の味か当ててみて。

しかし彼女の両親は決して食べようとしない。奇妙な味のもあったが、マリオは目をつむって一口にほおばる。反応を待つデリアの嬉しそうな顔が見たいからだ。

ある日、その中身に見当がついたマリオは、デリアの目の前でボンボンをまっぷたつに割る。その中身――。おぞましくて、ここには書けない。しゃくりあげるように泣きはじめた彼女は、本当は身をよじらせて笑っていた。

巷ではあまりボンボンを見かけなくなって久しいが、飲み会の二次会か三次会でウイスキーやラムなどを飲む時には、チョコをつまみにすることが多い。酔っぱらった舌が、子供時分の郷愁をひきよせるのか。「大人の味」として子供を惹きつける味なんだろう。（二〇一二年一二月）

「リップ・ヴァン・ウィンクルの話って、知ってます?」

「彼がね、山へ狩りに行ったんですよ」

「そこでね、小人に会ったんです」


大藪春彦原作、丸山昇一脚本「野獣死すべし」

XYZは最期の酒

ラムベースのカクテルなら何でも好きだが、特にXYZは名前の覚えやすさもあって、頼むことが多い。アルファベットの最後の三文字だから、これ以上はない究極のカクテルという意味で付けられたとか、そんな説があるのも飲み席でのネタに好適だ。

一九八〇年の映画「野獣死すべし」に、このカクテルの名前が登場する。それも悪夢のようなクライマックス・シーンで、松田優作が完全にイッちゃった人の顔で語るのだ。

「リップ・ヴァン・ウィンクルの話って、知ってます?」

優作演じる伊達邦彦は、数々の戦場での体験を脳内にフラッシュバックさせながら、ゆっくりと、不気味な巻き舌で語りはじめる。

「彼がね、山へ狩りに行ったんですよ。」

カチッ! 優作はそこで拳銃の引き金を引く。刑事役の室田日出男がギクリと腰を浮かせる。

ロシアンルーレットさながら、弾倉に込められた弾は一発だけ。

「そこでね、小人に会ったんです。」

優作の妖怪じみた顔は蒼白く、瞳孔の開いた目は一度もまばたきをしない。

ウィンクルは小人たちの宴の酒に酔っぱらい、目がさめると二〇年の時が経っていたというアチラ版浦島太郎伝説。話の切れ目ごとに引き金を引かれながら狂気の目で語られると、実際以上に恐ろしく聞こえた。

宴の酒は何だったか、と最後に室田が訊く。

「ラム、コワントロー、それにレモンジュースを少々、シェイクするんです」

「X…Y…Z……」

「そう、これで終わりって酒だ！」

映画を見たあと、ウィンクルの原話を探した。アーヴィングの短篇集『スケッチ・ブック』の一篇とわかり、本屋で探したが英語のペーパーバックしかなかった。何度か読みかけて、結局挫折した。

今回ようやく日本語訳で読んだが、予想どおり、小人たちの酒はＸＹＺじゃなかった。新潮文庫版だと「上等のオランダ酒」の風味だと書いてある。原文を知りたいところだが、買った原書はとうの昔に捨ててしまった。

森鷗外が明治時代にこれを翻訳した「新浦島」を開いてみると、「杜松子酒《としょうししゅ》の様な味」の「薬酒」とあった。杜松《ねず》の実から作った酒。オランダの伝統的なジン「ジェネバ」のことらしい。昔の翻訳のほうが正確で役に立つ。

とはいえ、映画のシーンではやはりXYZでないと引き立たない。

大藪春彦の原作『野獣死すべし』も、何度か読みかけて挫折した本だ。高校の頃、同級生に大藪ファンで銃器マニアのニヒリストがいて、大藪ばかり読んでるとああなるぞと、みんなでからかったものだ。実際みんな、少しは大藪を読んでいて、主人公のあまりの残虐非道に嫌悪を感じて読み通せなかったのだ。

今回改めて、というか初めて読んでみて、驚いたのは、リップ・ヴァン・ウィンクルも、XYZも、伊達邦彦の狂気のふるまいも、何も出てこないことだった。

狂気の殺人鬼であってこそ、映画的に面白く、XYZのクライマックスも生きる。松田優作が最も信頼した脚本家丸山昇一の力だ。

ちなみに、アメリカの俗語でXYZというと、ズボンのチャックがあいてるよ（Examine your zipper）の意味にもなると最近知った。知らなきゃよかった。

（二〇一三年八月）

III　泥酔の文学誌

その日いちにち、彼は酒場をはしごした。心はすでに安らかだった。要するに奇蹟はいっときのことで、それはとっくに終了した。もはや呼び返すすべがない。

ヨーゼフ・ロート『聖なる酔っぱらいの伝説』

聖なる酔っぱらいの伝説

「酒と文学」の連載がまだ企画段階だった頃、真っ先に思い浮かんだのは、中島らも『今夜、すべてのバーで』などのアル中小説の数々だった。でも、やっぱり酒は楽しく飲みたいもので、飲むのも読むのも苦しいのは敬遠したい。

『聖なる酔っぱらいの伝説』は、映画をみただけだったが、アル中のダメ男がみた一瞬の夢みたいな、地味なファンタジーという印象で、なんとなく敬遠グループに入れていた。

改めてヨーゼフ・ロートの原作を読んでみたら、あんがいアル中っぽくはない。しょっちゅう飲んだくれてはいるが、ペルノーを中心に、ワイン、コニャックなどいろんなのを実に楽しげに飲んでいる。これだけ楽しそうなら、まあ飲ませてやろうか、という気になる。

ロートはユダヤ人作家で、本作は第二次大戦の始まった一九三九年の作、しかもこれが遺作と来れば、もう不幸のオンパレードみたいな小説かと想像してしまうが、お話は大らかで全然暗くない。また、ファンタジー色も抑えめで、偶然の恩寵が多すぎることを除けば、現実に起こる可能性もゼロじゃない話だ。

セーヌ川の橋の下をねぐらにしていた浮浪者が、見知らぬ紳士から半ば無理やりのように二〇〇フランの大金をもらう。返金は聖女テレーズ様の小さな像に捧げてくれればいいという。これが第一の恩寵。

金が入ったので食堂へ行くと、さる金持ちが引っ越しの手伝いを頼んでくる。二日仕事で、これも二〇〇フラン。第二の恩寵だ。

そんなふうにして、男にはいろんな所から金が入ってくる。そして男は、いつも律儀に聖テレーズ様に金を返しに行こうと考える。が、返すほうは、これもいつもアト一歩のところで偶然の障害が生じて、返せない。酒の誘惑に負けて飲んでしまうのも一因だが、それ以上に男の鷹揚な性格が問題のようだ。

貯金することなんて考えつきもしない。それどころか、別に金が入っても、なくなっても、ほとんど意に介さないのだ。これはなんとしたことだろう。恩寵をもっと喜ばなきゃ、幸運にしがみつこうと焦らなきゃ、ファンタジーにならないではないか。男の、というより作者のスタンスがいちばん不思議だ。

要するに奇蹟はいっときのことで、それはとっくに終了した。

そう考えると、一文無しに戻った彼の心はたちまち安らかになる。「聖なる酔っぱらい」とはこういうことか。こういう人間に、また次々とお金をよこす神とは、イタズラが過ぎるのではないか、と思ってしまう。

テレーズの出現と、突発的な死が訪れるラストは、予言のように、ロート本人の死とダブって映る。ロートはペルノーの強いのを連日連夜飲みつづけてポックリ逝ったという。

本書「はじめに」に登場した、アンデルセンのお母さんにも似ている。幼い頃から物乞いに出されて橋の下で泣き暮らし、晩年はアル中で命を落としたお母さんのことを、アンデルセンは頭に浮かべながら「マッチ売りの少女」を書いた。

アンデルセンもロートも、作家自身が「マッチ売りの少女」なのだろう。マッチの火影におどる楽しい夢の数々が、書かれた小説たちだ。小説世界が変に明るいのもそのせいだ。楽しい夢だけを見つづけ、マッチが尽きるとともに、たぶん幸せにあの世へ旅立った。死が救済になる、そんな稀な場合が確かにある。

（二〇一六年六月）

その場で決めなければだめだよ、レキシントン街のバーで出逢った中年の男はそういった。チャンスは二度とめぐってはこないからだ。

ジャック・フィニイ「失踪人名簿」

楽園へのいざない

古谷三敏といえば、酒のウンチク漫画『BARレモン・ハート』で有名だが、一九七〇年代前半頃は過激なギャグが売りだった。

出世作は『ダメおやじ』。名前のとおり何をやってもダメなサラリーマンで、顔もタコが鼻毛を生やしたみたいな感じだ。だから、いじめられる。特にオニババと呼ばれる妻の暴力が凄まじく、その情け容赦ない残虐さが私たち小学生の間でも話題になった。

殴る蹴るは日常茶飯事、怒りが頂点に達すれば、包丁を突き立てる、釘を打ち込む、半殺しにして縛り上げ、吊るす、火であぶる、氷を抱かせる。殺す以外は何でもありだ。息子や娘たちまで、いじめに参加する。生き地獄とはこのことか、と子供ながらに戦慄した。

そんな『ダメおやじ』のある回が、鮮烈な印象で記憶に残っている。

会社を辞めることになった友人が、こっそり教えてくれる楽園へのいざない。裏通りの赤い屋根のオデン屋で、チクワ五本を注文し二万円を払うと、エルドラド行きの切符がもらえる、自分もそうやってエルドラドへ発つことになったのだ、と。彼は一大決心して、友人の言うとおりにする。決められたバスに乗り、波止場で一人ぽつねんと待つ。二時間、三時間……。だまされた！　怒りに震えて波止場から離れたとき、どこからともなくセスナ機が現れ、波止場に誰もいないと見てそのまま飛び去ってしまう。懸命に叫びながら走り、転ぶダメおやじの、激しい悔恨の表情が忘れられない。

何十年か後、ジャック・フィニイの短篇「失踪人名簿」を読んだとき、あらすじがそっくりなので驚いた。もちろん原典はこっちだ。ふりだしは、とあるバーで出逢った見知らぬ男のうちあけ話。主人公は聞いた手順どおり手持ちの全額を支払って「魅惑のヴァーナ」への切符を手に入れる。SF作品だから、行き先は別の惑星だ。ヴァーナはニルヴァーナ（涅槃）のもじりだろう。

大勢の失踪志願者たちとボロボロの納屋で待つうちに、主人公一人、だまされたと怒って納屋をとびだしてしまう。一瞬の閃光とともに人々は消え、「ヴァーナ行き、片道のみ有効」と印刷された切符だけが手もとに残る。

一度決心したら、ぜったい心を動かしてはだめですよ！　二度と再びチャンスはめぐってこないのだから。

誘いの言葉がむなしくこだまする。失われたものはあまりにも大きい。『ダメおやじ』の該当話もぜひ再読したいと願ったが、双葉文庫の七巻本選集には収録されなかった。そんなある日、一九七四年にアニメ化されていたことを知り、検索した中に例のエルドラド譚も「蒸発ちくわ作戦」というタイトルで入っていた。

懐かしく見たが、最後でガッカリした。大金をなくした罰でオニババたちの虐待を受けるのだが、殴る音だけで映像は家の外観しか映さない。記憶に残るコミックス版では、包丁や釘でブスブス突き刺されながら、ダメおやじは苦しみ悶えながら、かすかに笑うのだ。

フィニイの原典にはない光が、ここにあった。毎日の恐怖と、反面の日常への慈しみ。これらをすべて捨てて刺激のない世界に逃げれば楽しいか？　かすかな笑いの意味を、小学生が探るには重すぎたが、小学生だって、こうしていろいろ人生を学ぶのだ。

（二〇一二年八月）

不思議なのは、素面《しらふ》で彼女のいる赤い扉のところへ行こうとしても、どうしても辿りつくことができないのです。
脚のふらつく位に酔っていると、あの迷路のような路次を何とか迷わずに赤い扉まで行けるのです。

水谷準「魔女マレーザ」

バーは異界への入口

物語の中では、非日常への扉が開かれる場所は酒場であることが多い。前回の「楽園へのいざない」でも、導き手は赤ちょうちんの主人だったり、バーの相客だったりした。

ゲーテの『ファウスト』は古典のほまれ高い〝トンデモ本〟で、古代ローマや神話世界、魔物たちのお祭りへとワープしつづける話だが、あれも出発点はアウエルバッハの穴蔵《ケラー》という名の酒場だった。同名のバーがライプツィヒに実在するそうだが、今では異界へワープする扉は閉ざされている。ともあれ、悪魔メフィストフェレスが学究ファウストを誘惑するために、最初に連れて行くのが酒場ってところが心憎い。黒澤明の映画「生きる」で、黒マントの怪しげな作家が、絶望した男を狂騒の酒場へと案内するくだりは、そのまま『ファウスト』だった。

異界の門をくぐるには、どうしても酩酊の力が必要なのだろう。昔ならカフェ、今ならバーで、カウンターに隣り合わせた酔客が、知らぬ間に異界への導き手になっている。

燦然たる憂鬱を描いた短篇の名手・梶井基次郎の「ある崖上の感情」では、カフェの相客が暗い性的な妄想をささやきかけてくる。自分の性行為を覗かれる自分と、それを覗く自分の話。自らの分身が現前する直前、主人公はカフェでビールに酔いしれていた。

そうした性的幻想では江戸川乱歩が大先達だが、乱歩作品には意外に酒場が出てこない。「うつし世はゆめ　よるの夢こそまこと」とうそぶいた彼には、酒の酔いも必要なかったか。

その代わりというわけでもないが、乱歩たちが活躍した雑誌『新青年』の編集者で、自身すぐれた書き手でもあった水谷準には、酒場から始まる怪奇譚が多い。

「空で唄う男の話」では、喫茶店（これもカフェみたいなもの）で「カクテエル」を飲む相客が、高層ビルとビルの間を綱渡りしてみせようと豪語する。空中で好きな歌を歌ってさえいれば「神様とお話をしているよう」で、落ちることはないというが……。

「七つの閨《ねや》」でもカフェで奇怪な男と出逢う。眼球だけがまるで別の生き物のように動くその男は、美しい体つきの女を殺して蠟人形に造ろうと、いつも物色していたのだ。

「夢男」では、作家の木島がカフェでジンを飲んでいると、「昨夜御逢いしましたね」と見知らぬ男が愛想よく話しかけてくる。夢の中で逢ったというのだ。あなたは牧神の姿で一人の女を追いかけていた、そう言って懐中から取り出した一枚の絵には、木島そっくりの顔をした半人半獣の牧神が描かれていた。

「魔女マレーザ」では、ある男の少年時代の体験談を酒場で聞く。全裸の豊満な赤毛女と何匹もの黒猫がいる部屋で、風船遊びに興じ、苦しいほど抱きしめられた時の、不思議な快感。夢かと思っていたが、中年の今になってまた、あの女の部屋に通うようになったと男は言う。迷路のように入り組んだ細い路地。昔のまま全く年をとっていない女。全裸の遊戯。

不思議なのは、素面《しらふ》で彼女のいる赤い扉のところへ行こうとしても、どうしても辿りつくことができないのです。

「脚のふらつく位に酔っていると」迷わず行けるという。秘密はここにある。幻覚、妄想と言ってしまえばそれまでだが、酩酊していればこそ、それは何物にも代えがたい甘美な恍惚の体験にもなりうるのだろう。

（二〇一二年九月）

彼はトランプのジョーカーのように終始含み笑っていて、どんな質問に対してもこともなげに答えてくれそうだ。笑顔がゆらゆら揺れて魔術師のようだ。

阿刀田高「サン・ジェルマン伯爵考」

魔人のいる店

幻想小説だけを書きつづけた純然たる「幻想小説家」は数少ないが、中井英夫は紛れもなく、その一人だった。

その名も『とらんぷ譚』という全四冊の連作短篇集では、一冊にエースからキングまでに相当する一三篇がそれぞれ収録され、この四冊とは別にプラス二篇のジョーカーが存在した。なんともスタイリッシュ！　形式をみただけでも痺れてしまう。

そのジョーカーの一篇「影の狩人」は吸血鬼の話だが、話自体も非常にスタイリッシュで美しい。前回話題に出た『ファウスト』の悪魔メフィストフェレスと同じく、現代の吸血鬼はむやみに人に襲いかかったりはしない。バーで目当ての客を辛抱強く待ち、宗教の勧誘さながら、人ひとり引きずり込むためだけにあの手この手、懸命に策を講じるのだ。

最初はカウンターの別の客と話すふりをしたりして、少しずつ目当ての青年に近づいていく。

毎夜の話題は、悪魔の儀式から考古学、神話、麻薬、哲学、宇宙科学、神秘思想など無限にのび広がるが、雑多な話題がしだいに一本の糸でつながっていくような謎かけも仕組んである。やがて青年がしぜんに血の密約を至福と感じてくれれば、吸血鬼の勝ちだ。

物語の世界ではこんなふうに、人ならぬ者がバーの客を誘惑しようと待ちかまえている。

ショートショートの名手・星新一の代表作「ボッコちゃん」の魔人はロボットだ。つんと澄ました美人ホステスのボッコちゃんがロボットだとは、誰も気づかない。客が飲ませてくれる酒は何杯でも飲む。そのままお尻から出てくるのを、また客に飲ませているからだが、そんなわけでボッコちゃんはどれだけ酒を飲んでも決して乱れず、そっけないカタコトの会話がまたいい、と男どもは毎晩せっせとクドキに来る。

オチが決め手の作品なので衝撃のラストは言えないが、怖いのはボッコちゃんの存在そのものでなく、その冷たい色香に狂う人間たちのほうであった。

阿刀田高「サン・ジェルマン伯爵考」では、不老不死の魔人が登場する。帝国ホテルのラウンジでほろ酔いかげんになった主人公が、父の遺言に従って、歴史に名を残す謎の人物と待ち合わせる。その男サン・ジェルマン伯爵とは、ルイ一五世やカサノバの信任も得た実在の錬金術師で、何千年も生き、シバの女王とも面識があったといわれる。そんな奇人から特別に見せてもらうことになった不死の薬エレキシィとはいかなるものか、という話。

伯爵の顔は「トランプのジョーカー」をほうふつとさせ「笑顔がゆらゆら揺れて魔術師のようだ」と描かれる。偶然か、それともそうあるべきものなのか、ここでも魔人はジョーカーだ。番外のカードで、最高の切り札。ワイルドカードとして何にでもなりうるし、時には持っているだけで危険なカード。

思えば、伯爵に限らず、悪魔も吸血鬼もロボットも不死であった。それだけでもう番外の、人外のイメージがある。

でも人外の者は、ふつうに人間社会へ入っていけないから、いつも孤独だ。どんなに絶望しても、不死者は死ぬこともできない。

人間がみな死に絶えても、ボッコちゃんは「いらっしゃいませ」と言える日をひたすら待ちかまえて、つんと澄ました顔で立っていることだろう。

（二〇一二年一〇月）

ロンドンの But クラス婦人達を招いて毎週一回カクテール・パーテーを催す。それにはサヴォイ・ホテルの酒場主任《テンダア》が出張して世界の新流行のカクテールを混合筒から振り出して紹介する。

岡本かの子「バットクラス」

カフェ・カクテール

カクテルというと、少し高級なバーで飲むオシャレな酒のイメージがあるが、なんのことはない、チューハイもハイボールもカクテルだ。なんでも混ぜればOKで、果物の盛り合わせはフルーツカクテルというし、白味噌と赤味噌のカクテルとか何にでも使われる。

もっとも元は酒の用語だから、飲み物に限っては酒入りでないとカクテルとは呼べない。コーヒーや紅茶に少量の酒を加えて飲む習慣は、いつごろからあったのだろう。私が初めて飲んだのは一九八〇年代の学生時代で、けっこう仲間うちで流行っていた。

カフェ・ロワイヤルを喫茶店で飲んだのもその頃だ。スプーンにのせた角砂糖にブランデーを注ぎ、火をつけると甘い香りとともに青い炎がたちのぼる、それをコーヒーに落として飲む、演出重視の飲み物だった。ナポレオンが愛飲したといわれるので、すでに一八世紀にはメジャーな飲み方だったようだ。ほかにもカフェ・マリアテレジアというのがあって、名前のとおり、マリー・アントワネットの母親マリア・テレジアが好きだったのが由来というから、ナポレオンよりもさらに古い。オレンジリキュールと深煎りコーヒーを混ぜ、トッピングにホイップクリームと小粒のキャンディを散らして飲むものらしい。これはかなり甘そうだ。

岡本かの子の短篇「バットクラス」の中にも、カフェ・カクテールというのが出てくるが、これはちょっと変わっている。

一九三〇年にかの子が約一年間滞在したロンドンが舞台。上流の貴婦人たちは満たされすぎて刺激に飢えているから、何に接しても「これ、好いわね、But（だけれど……）」とbutを付けるクセがある、そういう階級なのでバットクラスとあだ名が付いた。

毎朝ちがう「世界の新流行のカクテール」を飲むのが習慣の貴婦人たち。その一人の夫人が、ある朝、気まぐれに「カフェ・カクテール」を出すよう給仕に命じる。


玉子の黄味一つ。茶匙に砂糖一ぱい、ポートワイン三分の一。ブランデイ六分の一。ダッチ・キュウラソオ小グラス一ぱい。


おやおや、酒ばかりでコーヒーが入っていない。でも色はコーヒーそっくりになる。

ちょうど犬医者の老人が邸を訪れたので、夫人は一緒にコーヒーを飲みましょう、と誘ってコレを出す。子供がやりそうなイタズラだ。タバコそっくりのチョコを口にくわえて大人を慌てさせたり、中身を抜いた板ガムの銀紙だけ元通りに畳んで友達にあげたり……。

夫人はわくわくしながら老人を見ていたが、老人は最初から酒とわかって、あまりにも旨そうに飲むので、ガッカリしてしまう。

戦前のイギリスでも、こういう笑い話になるぐらい「カフェ・カクテール」がメジャーだったことがわかる。

ちなみに、かの子の外遊は、朝日新聞の人気漫画家だった岡本一平の取材旅行に「一家そろって」同行したもの。画家を志す息子の太郎はパリに残し、かの子の愛人だった二人の青年もずっと夫婦にくっついて、二年間、ロンドンからパリ、ベルリンと旅したのだった。かの子自身「カフェ・カクテール」にまんまとだまされて大笑いした一人かもしれないが、バットクラスのロンドン婦人たちのほうが、かの子の華麗な魔女っぷりに度肝を抜かれたことだろう。


（二〇一八年一〇月）

「ブランデー」
強壮飲料。成分は稲光と雷鳴が一、自責の念が一、血みどろの殺人が二、死と地獄と墓が一、不純物を除いた魔王が四の割合。服用量は頭にいっぱい。

アンブローズ・ビアス著、筒井康隆訳『筒井版　悪魔の辞典』

悪魔の酒

昔、酒ウンチク家の知人に連れられて、池袋のいかにもアングラな雰囲気のバーに入ったことがある。バーのマスターが知人に何やら耳打ちされて、人目をはばかるように出してきたのが、緑色の薬草系の酒だった。水を入れると、たちまち魔法のように白濁する。

「クセが強いから、好きか嫌いか、まず一口なめてみて」

独特の強い芳香がただよい、一口でその玄妙な味わいにとろけそうになった。飲みながら、アブサンが禁制になった歴史など聞いたおぼえがある。これこそは闇の密輸品で、私はアブサン中毒にされ、どこぞの国へ売られて……妄想をたくましくするほど禁断の味は深まった。今から思えば、あれは合法原料だけで出来た普通のペルノーだったのだろう。でも、もう瓶の形も色もおぼえていないから「わたしゃ売られて行くわいな妄想」をヒヤヒヤ思い出すほうが楽しい。うん、あれはアブサンだった。

アブサンはアルコール度数七〇度ぐらいの薬草酒で、主要な香草はニガヨモギだという。

「緑の魔酒」「悪魔の酒」などのニックネームが付いたのは、ニガヨモギに麻薬性・常習性があるからで、しまいには発狂したりEDになったりすることもあるそうな。

「ニガヨモギと酸をインク代わりにした」と評されたのは、アンブローズ・ビアスの『悪魔の辞典』。昔読んだときは時代遅れのギャグばかりでつまらないと思ったが、近年、筒井康隆が訳したのを再読してみたら、ちゃんと笑えるので逆に驚いた。やっぱり毒のある本は、毒へビみたいな人が訳さないと味が出ないんだなとわかった次第。もちろん褒め言葉デス。

たとえば「ブランデー」の項、筒井版ではこんな説明になる。「強壮飲料。成分は稲光と雷鳴が一、自責の念が一、血みどろの殺人が二、死と地獄と墓が一、不純物を除いた魔王が四の割合。服用量は頭にいっぱい」云々。

残念ながら「アブサン」の項目はないが、右のをアブサンの説明に代えても全く問題ない感じだ。頭にいっぱい服用したくなる名調子。

ボードレールやヴェルレーヌらフランス象徴派のデカダン詩人たちは、みんなアブサンが大好きで、ランボーは「緑なすアブサン国へ行こう」と軽やかに歌った。

象徴派の詩が日本でもてはやされた頃には、各国でアブサンが禁制になりだしていたが、次々に翻訳される詩に魅せられたら、本物を飲まずにはおれなかったろう。

北原白秋の実家は福岡県柳川の酒造業だったから、酒のにおいに包まれて育ったわけだが、その初期の詩はやけに洋酒くさい。詩集のタイトルも『邪宗門』で、詩の中にはしばしばアブサンが登場する。

茴香酒《アブサン》の青み泡だつ火の叫《さけび》
Hachisch《ハシッシュ》か、酢か、茴香酒《アブサン》か、くるほしく
溺れしあとの日の疲労《つかれ》

こんなふうに、まるで麻薬のひと品のように歌われる。「硝子《がらす》切るひと」という詩では、「色あかき硝子の板」を切る人を見ながら「茴香酒《アブサン》のごときひとすぢ／つと引きつ、切りつ、忘れつ」と、謎のイメージが唐突に浮かんで、消える。一瞬の幻視。切りとられているのは、詩人の内に潜む狂気だろう。

池袋のアングラ・バーはどの小路だったかも忘れたが、あれから同系の薬草酒ペルノーは何度か飲んだ。私には、ペルノーでもその甘ニガい風味の虜《とりこ》になりそうで、ちょっと怖い。（二〇一一年八月）

エルヴィスの狂おしい声が聞こえてきた。ぼくは石になった。つばを飲むのも忘れ、よだれを垂らしているのに気づかなかった。頭が回っているみたいにくらくらした。息をするのも忘れていた。これが未来だ。未来っていうのは、こういう音がするんだ。

ミカエル・ニエミ『世界の果てのビートルズ』

少年と酒とロック

スウェーデンのベストセラー小説『世界の果てのビートルズ』は、本当に「世界の果て」と呼ぶしかないような、北極圏の小さな村のお話。そんな小さな村にもビートルズ旋風は吹き荒れ、少年たちはお手製のギターをかき鳴らし、ロックバンドをつくるのだ。

ミカエル・ニエミの自伝的小説だという。ニエミは一九五九年生まれ、私より二歳だけ年上で、しかし彼は七歳にして、ビートルズの音楽と同時代で出逢っていた。

曲は「ロックンロール・ミュージック」。

「火薬の樽が爆発し、部屋がふっ飛んだ」ぐらいの衝撃が少年を襲う。

女子高生の姉と姉の友達も、部屋で隠れてビールを飲みながらビートルズに聴き入った。「ぼく」たちも口封じ目的でビールを飲まされるのだが、姉の友達に頬をおさえられ、おっぱいを飲む赤子のように飲む。彼女は最後に、口紅のついた唇でキスまでしてくれる。

レコードは二〇回以上くり返し回り、「ぼくは頭がくらくらして、壁にもたれかかった」。初めての酒。初めてのキス。初めてのビートルズ。くらくらするはずだ。

それにしても、七歳は早い。私が初めてレコードでビートルズを聴いたのは一一歳の頃、ビートルズはすでに解散して数年たっていた。

町工場をやっていたKの家で、友達のKと私は応接間にこっそり入り、彼の父親が大事にしているレコードを勝手にかけた。初めはエルヴィス・プレスリー。テレビで朗々とバラードを歌っていた太っちょオジサンのイメージとは全然違う、激しい音の洪水に酔いそうになった。音の洪水からもなお浮き上がって聞こえる太い声もカッコよかった。

「エルヴィスはいいよ。ね、凄いだろ」Kはヘタな巻き舌で、何度もエルヴィス、エルヴィスと友達の話でもするように呟いていた。

次に、私の希望でビートルズをかけてもらった。アルバムは何だったか覚えていない。でもジョンの荒々しい雄たけびで始まる「ミスター・ムーンライト」を初めて聴いてゾクッとしたのが、その時だった気がする。

システムコンポの脇には横長のガラス戸棚があり、中にはウイスキーやブランデーのコレクションが入っていた。Kは一本取り出して、いろいろウンチクを並べながらキャップを開け、そのキャップに少し注いで飲ませてくれた。VSOPのブランデーだったと思う。強いアルコールで舌がひりひりしたが、ほんのり甘い後味は悪くなかった。

誰も入って来ないのを確かめながら味わう酒とロックは、禁断のスリルも加わって、大人への一歩を踏んでる感じがした。

ニエミよりはだいぶ遅い上に、女の子はここには出てこない。映画雑誌で「小さな恋のメロディ」の記事を見て、ういういしいスナップ写真にドキドキしていた頃。この映画でさえ、すでに一年前ぐらいに公開が終わっていた。全部が後追いだが、でも、かえってサッパリと、全部が新しかった。

ニエミの小説だと、ビートルズ体験以前、彼は五歳の時に初めてロックを聴く。やっぱりエルヴィスだったらしい。初めての音に、少年は「息をするのも忘れて」聴き入った。

これが未来だ。未来っていうのは、こういう音がするんだ。

まさに、こんなイメージ。この一行で、私の心も子供の頃にすうっと帰っていった。


（二〇一八年八月）

一杯また一杯、奈落の底にまっ逆さまに落ちて行くかのように、風の音さえ聞こえない。彼らが痛飲する間に、盛んに湯気をあげる彩り鮮やかな主菜が次々と車輪のように転がり込んできた。

莫言『酒国』

おそるべき中国文学

チャン・イーモウの映画「紅いコーリャン」は、日中戦争下の造り酒屋の一族を描いた物語だった。生皮はぎなど凄惨な拷問や大量殺戮など衝撃的なシーンは山ほどあるが、ひょんなことから極上の高粱《こうりゃん》酒が醸し出されるエピソードも忘れがたい印象を残す。

女主人に惚れた男が、腹いせに酒樽へ放尿したのが美酒のタネになるのだ。ペロッと味見する場面だけでも目をそむけたくなった。

韓国にはトンスルという名の薬用酒がある。漢字で書くと「糞酒」であり、この酒にちなんでは人種差別的なデマがあとを絶たないため、ウィキペディアなどでも非常に注意深く紹介されている。

製法は、穴をふさいだ竹筒を何カ月か大便の中に浸して、筒内に溜まった澄んだ液をマッコリなどの酒に混ぜて熟成させるものらしい。現在ではほとんど出回っていないが、漢方由来の薬酒という感じがする。だとすれば発祥は中国。「紅いコーリャン」の国だ。

原作『赤い高粱』の作者は、中国文学の鬼才・莫言《モーイェン》。今期（二〇一三年）のノーベル文学賞受賞作家で、代表作の一つに『酒国』という長篇がある。翻訳は硬派な岩波書店から出ているが、これがとんでもない猟奇コメディで、のっけから異常な出来事がたてつづけに起こる。

そもそも主人公の丁鈎児《ジャック》は、丸焼き嬰児食人事件の捜査で「酒国市」を訪れるのだ。酒国市だけに市民は皆、底なしの酒豪ばかり。ジャックは挨拶がわりに、というか、まるでだましちのように、延々と酒を飲まされる。

「一杯また一杯、奈落の底にまっ逆さまに落ちて行くかのように」痛飲するうち、麗々しく運ばれてきたメイン・ディッシュには、黄金色の丸焼き嬰児が香ばしく薫り……。

黒い衝動がどんどん溜まっていき、やがて暴発。そんなことが繰り返される。

「中国のガルシア・マルケス」と称されるが、グロテスクな描写の迫力・破壊力、内面にひそむ生々しい悪意など、ほとんど我が筒井康隆をほうふつとさせる。

随所に挟まれる酒のウンチクも奇怪なものが多い。朝鮮人参と七匹のサソリを漬けた酒も出てくるし、「ワインは栃の桶に入れないと高級品とは見なされないんです」などと、したり顔に言う輩もいる。

作者の莫言を尊敬する李一斗という大学院生も登場し、彼の書く手紙や猟奇小説の習作があちこちに挿入される。ついには「莫言」さんが酒国市の猿酒祭りにいそいそと出向いて来たかと思うと、「莫言」の中から「私」が分離したりして、話はいっそう混沌の度を深めていく。

物語の途中とラストに「赤い高粱」の例の極上酒が話題に出る。弟子を名のる李一斗は、あれこそ「人類の醸造史上に新紀元を開くもの」と絶讃、「水質が酸性化しますと、酒は苦くなり喉の通りが悪いのですが、健康な児童の尿を混入しますと『香気馥郁にして後味の甘きこと蜂蜜の如し』の高級銘酒『十八里紅《シーパーリーホン》』と変じる」と解説までしてみせる。

作中の「莫言」さんは赤面して、イヤあれは小説でして……としどろもどろ。とことん「人を食った」話だ。

よくもまあこんな挑発的な作家がノーベル賞を、と思ったものだが、川端や大江や、最終候補に残った谷崎だって、アブナイ小説ばかり書いていたので、他国《ひと》のことは言えない。

（二〇一三年二月）

老人は指一本で軽々とその瓶をさげてきたのだ。その瓶は拳《こぶし》ほどの小さな容器であったが、そこからはとめどなく酒が出てくる。二人で晩遅くまで飲み続けても尽きることはなかったという。

『道教の本』（学習研究社版）

壺の中のユートピア

酒を飲んで俗世間を忘れる楽しみを「壺中天《こちゅうてん》」「壺中の天地」などというが、これは文字どおり壺の中に別世界がひらけていたという中国のユートピア伝説に由来する。

後漢の時代、市場にいた薬売りの老人が、毎夕仕事を終えると店頭に吊された壺の中へスルスル入って行くのを、費長房《ひちょうぼう》という男が楼の上から目撃、老人に頼み込んで壺の中へ案内してもらう。そこには荘厳な宮殿がそびえ、美酒佳肴は尽きることなく、費と老人はひとしきり飲み食いして戻って来たという。

中国だから、飲んだ酒は老酒だろうか。仙人の世界でも楽しみは美酒佳肴だってところが俗っぽくて楽しい。

壺は吊されてたぐらいだから、小さなものだろう。「アラジンと魔法のランプ」が連想されるが、ランプ巨人の原話も中国らしいので、あんがい壺中天説話から派生したのかもしれない。アラジンのパロディといえる昔のTVアニメ「ハクション大魔王」は、壺の中の世界へ案内されたりするので、アラジン以上に壺中天に似ていた。

壺というところがまた、原初的な意味でオタク心をくすぐる。人形に恋するあまりドールハウスの住人になってしまう、といったようなミニチュア牢獄の怖さもある。

逆にミニチュアの側から極大を見るなら、孫悟空が宇宙を駆けめぐって戻って来ても、お釈迦さまの掌の中だったようなもの。

誰かの掌の中で創造されたもう一つの世界で、自分は踊らされているだけなのではないか。この世界全体がヴァーチャルではないのか、という不安を現実化した物語もたくさんある。それがオチになってたりするのでタイトルは明かせないが、キアヌ・リーブスの映画や、鈴木光司のアレとか、永井豪のソレとか、フィリップ・K・ディックのSFはそんなのばかりだし、ファンタジーに限らず物語というのは元来、別世界創造という点でヴァーチャルな要素をもっている。

インターネット・ゲームの世界でしか生きられないネトゲ廃人が最近話題だが、たぶん程度差の問題にすぎなくて、お話にのめりこむ、というのはそういうことだ。

壺の中にユートピアを作ること。

禅寺などの坪庭、あれも「坪」は「壺」に通じ、小さい空間に大きな宇宙を現出させようとするものだった。

日本の近代小説を創始した一人である坪内逍遥も壺中天の故事が大好きで、酒を飲んでは坪(壺)の内をぶらり散歩でもする気持ちで「逍遥」と号したという。逍遥の生徒だった会津八一は師の筆名のウラ話が気に入って、会う人ごとに話して聞かせたそうだ。文学者には酒好きで壺中天好きなのが多い。

ほかにも酒と壺で思い浮かぶのは、万葉集のアル中オヤジ大伴旅人のこんな歌。

なかなかに人とあらずは酒壺になりにてしかも酒に染みなむ

中途半端に人間やってるよりか酒壺になってしまいてえもんだよ、そしたらずっと酒にどっぷり浸かってられるだろう、といった意味。このオヤジは、この世で酒飲んで楽しく暮らせるなら来世では畜生でもなんでもいい、とも歌っている。骨がらみのアル中で、ここまで来るといさぎよい。

ふと思う。壺中天の壺、あれも酒壺だったとしたら……あっちの世界は酒でできている。

(二〇〇九年八月)

猩々《しょうじょう》来りて思ふまゝにのみつくし、ぜんごもしらず寝入《ねいり》たる時、かの猩々をそつとはだかにしておけば、酒のにほひに蚊おびたゞしくあつまり、からだ一めんにとりつき、血をしたゝかすひこみ、うごく事ならぬ所を……

四方屋本太郎『虚言八百万八伝《うそはっぴゃくまんぱちでん》』

猩々《しょうじょう》ども！

ポーの推理小説「モルグ街の殺人事件」には、オランウータンが重要な役割で登場するが、新潮文庫の旧版では「猩々」と訳してある。高校の頃、意味がわからなくて辞書をひくと、オランウータンの意味のほかに、人面獣身で赤ら顔の、猿に似た妖怪の呼び名でもあるとわかった。その妖怪は酒好きで、人間の言葉を話すという。

アニメ映画「もののけ姫」に出てくる猩々がまさにコレだ。人間たちが森を切りひらいたため住む場所がなくなり、人間を呪っている。巨大な山犬のモロ一族とモロに育てられた人間の娘がいるところに、猩々は何度も現れ、石ころや木切れを投げつけてくる。

「猩々ども！　われらがモロ一族と知っての無礼か」

「ここは、われらの森。人間よこして、さっさと行け」

知恵も力もなさそうな地味な奴らなのに、妙に強いインパクトがあった。

能にも「猩々」という演目があり、ここでは可憐な少年の姿で現れる。ただし、顔も髪も着物もみんな赤い。中国の揚子江沿岸にある里で、一人の人間と仲よくなり、毎日一緒に酒を酌み交わす。最後に、汲めども尽きぬ酒の壺を友達に与えて、水底へ帰って行く。

水棲生物だったとは驚きだが、赤い河童みたいなものがイメージされてたのだろうか。江戸時代には、この能のパロディも作られた。『虚言《うそ》八百万八伝《はっぴゃくまんぱちでん》』という黄表紙で、舞台は同じ揚子江沿岸の里。

主人公の万八は猩々を酒でおびき寄せ、酔っぱらって寝入った猩々たちを裸にして野ざらしにしておく。すると、酒のにおいに寄って来た蚊が猩々たちの全身にとりつき、たらふく血を吸う。腹が血でいっぱいになり、身動きできなくなった蚊を羽ぼうきで集め、締め木で血を搾り、布に染め出す。

これが「猩々緋」としてバカ売れに売れ、万八は一万八歳のよわいを保ったという、おめでたいホラ話である。

作者は四方屋本太郎。よもやホントだろうか、とシャレたペンネームだ。

物語によって、姿かたちの印象はかなり異なるが、赤ら顔といえば、まずは猿の顔であり、酒飲みオヤジの顔である。そんなわけで辞書の「猩々」の語義には、三番めぐらいに「大酒飲み」の意味も載っており、猩々ホニャララといろいろある複合名詞には、鮮やかな赤色の意味もくっついている。

猩々緋という色の名自体が結構古いもので、この色とその由来の妖怪とをくっつけてやれ、という発想で生まれたのが『万八伝』だろう。

ショウジョウバエもその赤い色からの命名だと思うが、酒好きが由来という説もある。英名では「wine fly」ともいうらしく、実際、ショウジョウバエに悩まされたことのある人ならご存じのように、彼らは無類の酒好きだ。非常に親近感が湧く。

ワインやビールを飲んでいると、必ず寄って来て、主人の目を盗んでグラスの内側にまで入り込んでいる。よしよし、たんと飲むがいい。ほんのわずかの飲み残しに誘われた数匹がグラスをなめている隙に、サッと蓋をする。

「猩々どもめ！」

簡単に仕留められるのだ。酒好きは大体こんな手にひっかかる。

（二〇一八年六月）

実《げ》にも神便《じんべん》有難や、不思議の酒の事なれば、その味甘露の如くにて、心も詞《ことば》も及ばれず。

お伽草子「酒呑童子」

酔わせて倒せ！

「鬼ころし」という名の日本酒や焼酎は全国各地にある。鬼をも殺すほど強い辛口の酒、というフレコミだが、鬼が急性アル中で死ぬわけではないだろう。

概して鬼は酒好きだ。あの赤ら顔は酒焼けした慢性アル中のオジサンを思わせる。そんな酒豪の鬼が酔いつぶれたところを殺す、それができるぐらい旨い酒、というのが「鬼ころし」の本来の語源ではないだろうか。とすると、元ネタはズバリ「酒呑童子」だ。

『御伽草子』を繰ってみると、酒呑童子たちに飲ませた酒は「その味甘露の如く」と書かれている。鬼好みの味はどうやら甘口らしい。現代の「鬼ころし」は、ヘタすると「鬼ころされ」と改名しなきゃいけなくなりそうだ。

源頼光ら退治屋一行は人間界では敵なしの強者ぞろいだが、身の丈六メートル余りの酒呑童子たちとマトモにぶつかって勝てるはずがない。ヤマタノオロチ退治と同様、酔わせて倒すのが最上の作戦である。

もっとも、酔わせて倒す相手が人間だと、だまし討ちは卑怯だとして嫌われる。たとえば「酒呑童子」と同時代の中世小説「かまた」。源義朝の腹心鎌田政清《かまたまさきよ》が、義朝を連れて落ちのびる際、自分の舅《しゅうと》を頼る。妻のオヤジ殿だからと政清もさすがに気をゆるして酒に酔ううち、手柄ほしさの舅に殺されてしまうという話。人々はこの舅を憎み、復讐が果たされる時に拍手喝采した。

是枝裕和監督の映画「花よりもなほ」では、忠臣蔵も「大人数で年寄りの寝込みを襲うなんて卑怯じゃねえか」と語られる。言い回しは愉快だが、殺すのが目的の復讐に、卑怯もクソもありはしない。実際には吉良が邸に一人でいるはずもなく、真っ昼間にドタバタ討ち入りすれば、目的を果たせず玉砕するに決まっている。寝込みを襲うのを「卑怯」と見る考え方は、リベラルなようで逆に、玉砕・散華の思想に結びつく危うさがある。

そもそも敵の弱みや油断を突くのは兵法の基本だ。赤穂浪士の作戦は練りに練られていた。決行は、吉良邸で年忘れの茶会が催された日の深夜。当然、吉良は邸内にいるはずだし、茶会の後にはおもてなしの酒も出ただろう。ここにも「酔わせて倒せ」の極意がある。

杉浦日向子の漫画「吉良供養」(『ゑひもせす』一九八三年)によると、浪士たちは火消し装束に身を包み「火事だ火事だ」と叫んで門をあけさせたという。吉良邸には当時八〇人ほどの家臣がいたが、武士は二二人のみ。馬の世話役や駕籠かきたちまで手当たり次第に殺された。日向子さんはこれを「惨事」と呼び、いろはの順に犠牲者の数を数えていく。忠臣蔵人気の秘密――ぷんぷんする血の匂いに人々は酔ったのかもしれない。

「酒呑童子」でも血なまぐさい駆け引きが展開された。先に鬼からふるまわれる盃の中身はたっぷりの血であり、肴は人間の娘の腕と腿だった。頼光も渡辺綱も平然と血を飲み干し、ナマの人肉にかぶりつく。命のやりとりの場では、どんな「卑怯」な作戦も生半可ではない。鬼をだますには自分も鬼になってみせるだけの覚悟が要るのだ。だまされた酒呑童子の最期の言葉がはかない。

「情けないぞ、おぬしらを信じたのに」

甘い言葉と甘い酒にはくれぐれもご用心。

（二〇〇八年一一月）

書物を寝床で読むのがくせで、読みながら酒を飲み、ひどいときには片手で女とたわむれながら、かつ飲み、かつ読んだ。どうみても一国の国守ではなく、無頼の詩人のような匂いが、この男にはあった。

司馬遼太郎「酔って候」

酔って候

山内容堂といえば、大河ドラマ「龍馬伝」を見ていた人には、もうあの近藤正臣の悪魔的な顔しか思い浮かばないのではないだろうか。キャラ立ちまくりの見事な怪演だった。

幕末土佐の藩主にして中央にも幅を利かせた四賢侯の一人。その実は大酒飲みの無頼漢で、改革者でありつつ圧政者でもあった。

そんな容堂のイメージを決定づけたのが、司馬遼太郎の短篇「酔って候」だろう。「龍馬伝」も基本的にこの作品のイメージそのままに出来上がっている。自らを織田信長に擬し、信長に似ていると言われると大喜びした、つまりは独裁好きの男として描かれているが、司馬のペンは不思議と容堂に好意的だ。

樹上で酒をのむことがある。酒はらくらくと二升は飲めた。というより、馬術、居合、詩作をしている以外は、いつも酔っていた。

書物を寝床で読むのがくせで、読みながら酒を飲み、ひどいときには片手で女とたわむれながら、かつ飲み、かつ読んだ。どうみても一国の国守ではなく、無頼の詩人のような匂いが、この男にはあった。

破滅型の酒飲みに親近感を感じたのか。

強大な権力さえなければ、本当に無頼の詩人として名を残せた人物かもしれない。

「酔って候」というタイトルは、柳ジョージ&レイニーウッドの歌でも有名で、私も高校時代によくラジオで聴いた。一九七八年のヒット・シングル。結構友人間でも話題になった。少しレゲエの香りがするリズムに乗って「いつでも酔って候」とダミ声で歌われると、ちょっとゾクッとした。

コーラス部分では「でっかいスイカを食らい酒」と聞こえて、スイカでも酒のツマミになるのかしらんと思っていたが、あれは「鯨海酔侯《げいかいすいこう》　無頼酒」と歌ってるんだと友人が教えてくれた。「鯨海酔侯」は容堂の戯れの自称。土佐の鯨のごとくに酒を飲む酔いどれ藩主。当時はクラスに一人か二人は司馬オタクがいて、あれは小説の内容がそのまま歌詞になってるんだ、だから歌詞の最後に「噂のヨウドオー」と叫んでるだろ、と聞かされた。「歯が疼《うず》き目も眩《くら》み耳鳴りしようとも」酔いつづける容堂。改めて聴くと、かなり破壊的な歌詞で驚いたものだ。

四四歳の若さで脳溢血で死んだのも当然の結果ではあった。

それはともかく、スイカではさすがにツマミには不適だと今ではわかる。では、容堂は何をツマミにしていたのだろう。

カツオの一本釣りで有名な土佐だから、内臓を塩辛にして熟成させた酒盗《しゅとう》がやっぱり口に合ったんじゃないかなと思う。酒盗も土佐名物だ。これを肴にすると「盗まれたみたいに酒がなくなってしまう」とか「盗んででも飲みたくなる」というのが名前の由来だとか。

岡山あたりでよく甘酢漬けで食べるママカリという魚も、隣家からママ（飯）を借りてこなきゃいけないほど食が進む、という意味で、酒盗と似た命名由来だ。飯か酒かの違いだが、酒にはやっぱり酒盗が合う。

最近では和製アンチョビなどと呼ばれて、酒盗レシピがいろいろ考案されているが、酒飲みとしてはやっぱりそのままがいい。容堂はもしかして、酒盗のせいで二升も「食らい酒」してたんじゃないか。考えてたら耳鳴りがしてきたので、今夜はママカリにしておこう。（二〇一三年一〇月）

不肖・赤塚不二夫、このたび死にました。元日の朝、初湯で日本酒100％の酒風呂に入っていたところ、つまみのスルメを持ったまま、溺れてしまったのです。

まさに、酒に溺れた人生そのものの、理想の最期でございました。

赤塚不二夫『バカは死んでもバカなのだ』

骨酒ヒレ酒スルメ酒

子供の頃、呑んべえの叔父がウチに来ると、酒嫌いの父母や祖母に露骨にいやがられながら、でも旨そうに手酌で酒を飲んでいた。夏はビール、冬は熱燗で、燗酒を注いだコップにスルメの切れ端をほうりこんで飲むのをときどき見かけた。

燗酒を何度か注ぎ足すうちに、ふやけて白っぽくなっていくスルメはまずそうに見えたし、子供心にも、あれはスルメが主なのか酒が主なのか、よくわからない不思議な代物だと思った。そんなわけで、ビールは味見させてもらったが、スルメ酒を飲んだ記憶はない。

大人になって、飲み屋で初めてフグのヒレ酒を注文してみたら、見た目はスルメ酒そっくりで驚いた。全然期待せずに口をつけると、思いのほか旨くて二重に驚いた。香ばしいコクと、ほのかな苦み。奥ゆかしい香り。スルメ酒を飲んでいた叔父の嬉しそうな顔が思い出され、自分も少し嬉しくなった。

日本独特の酒の飲み方だと思っていたが、フランスでは白ワインにヒレを漬けこんで飲んだりすることもあるらしい。

マリイ・シェイケビッチ夫人の「プルウストに就《つい》てのクロッキ」というエッセイの中で、プルーストが「白葡萄酒にヒラメの鰭肉を落して」と支配人に指示している。「プルウストの招待客はしょっちゅう同じ献立を食わされるのです」と但し書きが付いている。

プルーストはギネス級に長い大長篇『失われた時を求めて』を書いたフランスの作家。この回想文を翻訳したのは、まだ小説発表前の無名の若者だった坂口安吾である。

「大変な美食家であった」というプルーストの自慢のもてなし酒だったヒレワイン。いったいどんな味がするのか気になるところだ。

料理だか酒だかわからない、という話なら、骨酒《こつざけ》はさらに上を行く。よくあぶったイワナなどを丸ごと平たい徳利に入れて、上からドボドボと熱い酒を注ぐ、豪快な飲み方だ。

吉田健一の小説『金沢』では、山中に一軒ぽつんと建つ飲み屋でこれを供される。山を見ながら飲むと「雲を飲んでいるような」気がしたという。自然を飲み干す感覚だろうか。

先日、ネットショップから取り寄せた骨酒用イワナで、ドボドボとやってみた。見た目は凄いが臭みはなく、濃厚で香ばしい。やっぱりヒレ酒と似ている。そのうち、スルメ酒にも挑戦してみよう、という気持ちになった。

そもそも日本酒のつまみとしてスルメは定番中の定番だ。酒に落としても旨いに決まっている。定番すぎて、イメージ的に損してるんじゃないだろうか。スルメの足をしゃぶりながら一升瓶片手にウイー、ヒック、千鳥足で夜の街をぶらつく酔漢の図が目に浮かぶ。

赤塚不二夫の漫画によく出てきたイメージだと思って、いろいろ探していたら、『バカは死んでもバカなのだ』という対談集の前口上で、赤塚サン、こんなことを書いていた。

不肖・赤塚不二夫、このたび死にました。元日の朝、初湯で日本酒100％の酒風呂に入っていたところ、つまみのスルメを持ったまま、溺れてしまったのです。

まさに、酒に溺れた人生そのものの、理想の最期でございました。

もちろん当時はまだ元気だった赤塚サンだが、自分がスルメ酒になってしまうとは、まさに無頼な人生の締めくくりにふさわしい、と変に感動してしまった。

（二〇一四年一二月）

山女魚《やまめ》酒《ざけ》酌《く》めば噴き出る春の海

甲斐一敏　『忘憂目録』

シネフィルの呪文

前回、骨酒やヒレ酒の話を書いたら、こんな俳句もあるよと友人が教えてくれた。なかなか豪儀だ。作者は甲斐一敏。坪内稔典主宰の俳句グループに属し、七三歳にして初めての句集『忘憂目録』を出版した。「忘憂」とは憂さを忘れさせてくれる、つまりは酒を指すらしく、当然ながら酒の句が多い。

「鰭酒《ひれざけ》や世界の果てまでつれてって」

世紀の奇書とうたわれたサンドラールの異端小説を知らない人には乙女チックに受けとられそうな句だが、「鰭酒や」のアトは全部、その奇書のタイトルになっている。いわば本歌取り。ヒレ酒に禁断のエロスを感じちゃってるわけだろう。うーん、忘憂、忘憂。

句集をめくっていくと、他にも前衛的な映画や演劇、詩、音楽などが次々出てくる。

「階段を下れ下れ青の時代まで」

心はこの一句にこめられているとおり。特に映画には、反逆精神と共にあった作者の青春時代が投影されていて、ほんのり切ない。

「春疾風《はるはやて》ジュールとジムが駈けてくる」

トリュフォーの「突然炎のごとく」。親友のジュールとジムは、カトリーヌを真ん中に春風の中を駆け抜ける。繊細にゆれ惑う三人の心だが、駆けている時間はまぶしく、楽しくて、この時間が永遠に続けばいいと願う。

「青すすき青すぎるマチェックなぜ走る」

ワイダの「灰とダイヤモンド」に登場するマチェックは、いつもサングラスをかけて、投げやりで、悪ぶっている。でも本当はレジスタンスに燃えて暗殺者を志願した、いわば青年特攻兵だ。ホテルのバーで、マチェックはすぐに火がつく度数の高いウォッカを頼み、一息にぐいっと飲み干す。飲み方まで刹那的で、妙にカッコよかった。

マチェックは同志のアンジェイと二人でいる時、ウォッカのグラスを次から次へ、カウンターの上を滑らせてよこす。「覚えてないのか?」アンジェイを責めながら、一個一個のグラスに火を近づける。一瞬でボッ、ボッと火が灯っていく。一つ火が灯るたび、アンジェイは死んでいった仲間の名前を一人ずつ口にする。一度見たら忘れられない名シーン。

「アサニシマサ呪文となえて寝入りたり」

これもまた、見た人にしかわからない、それこそ呪文のような句だ。でも、フェリーニ映画のファンには懐かしさあふれる、凝縮の一句。狭き門をあえて作ることで、同志だけに通じる秘密めいた共感が湧く。

「8½」の回想シーン、子供たちはワイン風呂でたっぷり遊んだあと、一人一人ふかふかのバスタオルにくるまれてベッドに運ばれる。ママに優しく抱きしめられ、さあ寝るのよ、と。でも、年かさの子が「寝るな。肖像画の眼が動くぞ。眼が宝物のありかを示してくれるんだ」とひそひそ声で言う。「呪文を覚えてるか。アサ・ニシ・マサ」

いろんな神秘が信じられた子供の頃の、懐かしい時間。呼び起こしてくれる一句の呪文。

ワイン風呂とはイタリアでは普通の習慣なのかどうか知らないが、なんだか楽しげだ。

一〇年ほど前、「スター・ウォーズ」のボトルキャップをコンプリートしたくて、大量のペプシを大人買いした友人がいた。飲みきれないからペプシ風呂に入ると言ってたが、その風呂はベタベタと不快そうだ。効能もゼロ。副作用として夜中にアリが全身を……。

（二〇一五年二月）

「ご領主は棺のなか、ワインは墓にはいるんだ！」
信じがたい災厄にすくんでいるうち、男たちの見まもるまえで、一本めの残りは聖なる大地に滝となって流れ落ちた。

レイ・ブラッドベリ「ご領主に乾杯、別れに乾杯！」

別れに乾杯！

今年（二〇一二年）六月に亡くなった作家レイ・ブラッドベリはSFの巨匠といわれたが、非SF作品も数多く書いている。短篇集『二人がここにいる不思議』にも多様なジャンルの作品が収められているが、素っ頓狂なバカ話「ご領主に乾杯、別れに乾杯！」には唖然とした。

因業ジジイみたいな村の領主が死んで、村じゅう大騒ぎになる。彼が年代物の高級ワインを大量に貯えていたからだ。しかし遺言状には、すべての酒を自分と一緒に埋葬せよとあり、村人たちは躍起になって策を練る。

ワインをどう墓に入れるべきか、遺言状に指定はない。最終的に棺の上なり横なりに落ち着けばOKだ。弁護士にそう確認をとると、みんな一斉にワインを飲み始める。

多少の遠回りはすれど、最後には落ち着くところに落ち着きますように。

今日飲み干せなくても、毎日墓の前へ来て、みんなで飲もう、と声高らかに乾杯する。種明かしも何もなく、話はここで終わってしまう。人々の体内を経由したワインをご領主様に排出してさしあげる、というオチだと私は解釈したが、ネット検索してみると一般的な解釈はそうでないと知って驚いた。

最後には誰もが死んで同じ墓穴に入るからOKと読むべきだとか。しかし、それだと皮肉が効かない。それに毎日墓の前へ集まって来なくても、邸に戻して飲んだってよくなる。

この短篇集には他にも下ネタの笑い話が入っているし、結末をぼかしてるところから考えても、やはり下ネタ解釈をとるべきだろう。作品の魅力を守るためにもそう思いたい。

坂口安吾の短篇「村のひと騒ぎ」も、人の死と酒をからめたドタバタ喜劇だ。

村のめでたい婚礼の日に、あろうことか名家の婆さんが死んで、村人たちは婚礼の酒にありつけなくなったとパニックになる。

一人の青年が演台に立ち、死んだのは女だから女たちはお通夜へ、男たちは婚礼へ行くべきだ、と演説するやいなや、女教員たちが凄い形相でドドドッと詰め寄ってくる。

結局、ご臨終を告げた医師が、死んだとは言ったが仮死状態だったのか生き返った、明日また死ぬはずだ、とテキトーに診断をやり直す。みんな大喜びで、婆さんの生き返り祝いだ、とここでも酒にありつこうとする。その夜は婚礼の祝杯だし、翌日は婆さんのお通夜でもまたお別れの杯を交わすのだろう。

ちなみに、先のブラッドベリの短篇、原題は *One for His Lordship, and One for the Road!* という。ワン・フォー・ザ・ロード。親しい人と飲んでてなかなか家路につけないでいる時などに、じゃ、これを最後の一杯にしよう、という感じで使う言葉だ。

テレビドラマ「相棒」第一シリーズの「殺しのカクテル」という話で、ロンドン帰りの天才警部とカクテル作りにプロのこだわりをもつバーテンダーとの粋な会話にも出てくる。

そのこだわりが言わずもがなの自白へとつながるストーリーも粋だったし、ヒロインの恋の思い出と結びついたカクテルは、ジンとミントに梅干しを加えて、ロマンチックなエメラルドグリーンに輝いていた。

もう一〇年も前の放送回だが、最近たまたま再放送されたのを見て、奇縁を感じた。

私の周りには朝まで「ワン・フォー・ザ・ロード」が言えない人もちらほらいて、まったく粋でもロマンチックでもないのだが……。

（二〇一二年一一月）

「用心深い酒だね、そう、おずおずしていて、はっきりしないんだ、まるで気がちいさいんだから」

「愛想がいいね、このワインは、思いやりがあって、気持ちのいい酒だ——ちょっとみだらなところもあるけど、まあまあ、気さくなやつさ」

ロアルド・ダール「味」

テイスティングは超能力か

二〇〇四年から一〇年間連載された漫画『神の雫』（亜樹《あぎ》直《ただし》作、オキモト・シュウ画）は、究極のワインを求めて、テイスティングの天才二人が幾度も銘柄当てバトルを繰り広げる話だった。これがいま世界中で大人気、本場フランスでは賞ももらい、登場する銘柄をブームにしてしまったという。

いまでも続篇が連載中らしいが、ドラマ化されたのは二〇〇九年だから、かなり前になる。主演の亀梨和也クンがワインをひとくち含むと、とたんに部屋がお花畑に変身したり、どーんと古城が現れたりする。まるでシャンプーのコマーシャルのようだが、味と香りから特定のイメージが喚起されるという仕組みらしい。なんじゃこれは、と思いながらも、なかなか楽しかった。ライバルの田辺誠一画伯がワインを含むと、うおおおお、と怪物のように唸り出す。このシーンもおきまりで、毎週笑わせてもらったものだ。

よく似た話にロアルド・ダールの名短篇「味（Taste）」がある。やっぱりひとくち飲んだだけで、ワインの銘柄と熟成年を当ててしまうテイスティング名人が登場する。

もっとも、ここではお花畑や古城は現れない。愛想がいいワインだとか、ちょっとみだらなところもあるとか、なにか思いつめている、尊大な面影がある、はにかんでいる、愛嬌があり慰めてくれる、などなど、味わいを擬人化して表現する。こういうユニークな比喩がこの小説の肝で、ちょっと独りよがりな比喩じゃないの、とか思いながら、でもこれが意外に味や香りを想像させてくれるところが、ダールの文章家たるゆえんだろう。

最後の賭けで、名人はなんと自宅と別荘の二軒を賭け、当主の令嬢が欲しいと言い出す。産地から農園まで、徐々に絞り込まれていく過程は、名探偵の謎解きのようにスリリングだ。

オチは言わずにおくが、ダール自身は、ここまでのテイスティングは人間には無理だと考えていたように思う。本物のソムリエには、いったいどこまでのテイスティングができるものなのだろうか。絶対音感があるように、絶対味覚というのもあるのだろうか。

吉田秋生《あきみ》の名作漫画『BANANA FISH』の天才少年アッシュ・リンクスも、この絶対味覚の持ち主で、どんなワインでも銘柄と熟成年を当ててしまった。アッシュの場合は運動神経も頭脳も人間離れしていたので、ワインのテイスティングぐらい、できて当然という雰囲気ではあったが……。そういえばアッシュの顔は、少し亀梨クンに似てたな。

かくいう私には絶対音感も絶対味覚もないが、演奏家の比較や、嗜好品の微妙な違いを比べたりするのは好きなほうだ。煙草を吸いはじめた学生時代、店で買える全部の煙草を試したことがある。

ネーミングやパッケージの影響もあるんだろうけど、たとえばキャメルを吸いながら目をつむれば、ちょっと埃《ほこり》っぽい砂漠のイメージが浮かんだりした。チェリーを吸うと心なしか桜並木の下を歩いている気分になったし、峰を吸えば空気の澄んだ高原で一服してるような清涼感を味わえた。

誰も賛同してくれなかったけれど、自分ひとりの時ほど、その「独自」の時空を楽しむことができた。超能力でもないかぎり、人間にできるテイスティングはまあこの程度なんじゃないか、と天才ならぬ凡夫は思っている。

（二〇一六年二月）

屍体を葬ったのが、たまたまオーシマであったと考えるよりは、屍体を葬る島だったから、オーシマとよばれていたのだと理解するほうが、二つのかけはなれた島の名が納得しやすいのではあるまいか。

原田禹雄『この世の外れ』

白酒《パイチュウ》と青酎《あおちゅう》

毎年、帰省すると友人夫婦の家で夜中まで飲みほうける一日がある。友人の長男長女それぞれの夫婦と孫も来て、にぎやかな宴になるが、今年はそこで面白いお酒を饗された。

長男夫人の父親が中国で買って来た白酒《パイチュウ》という蒸留酒で、アルコール度数は五〇度。「おそるべき中国文学」の項に登場した高粱《コーリャン》酒の別名で、なんでも蒸した高粱を土葬するように土に埋めて発酵させるらしい。

ところが、一家の主人が白酒を出して来ただけで非難轟々《ごうごう》、長男の嫁サンに至っては実父の土産なのに「匂いをかぐのもイヤ」と言う。

主人と二人、寂しくロックで乾杯すると、さすがにチョット鼻につく匂いがある。くさやとか鮒ずしに似た腐敗臭。でも、口に含むとペルノーなどの薬草酒に似た香りも感じられ、慣れればクセになる味だなと思った。

「中国の酒は一本一本、味が全然違うんだ」

全く同じ銘柄のもう一本をあけて注いでもらうと、そのとおり、今度のはほとんど腐敗臭がなく、やわらかなエステル香が漂う。これは面白い、とさらに別の一本もあけて、五〇度の白酒をかわるがわる飲みだしたあたりからは記憶が怪しい。

白酒に対するに、日本には伊豆諸島最南端の居住地、青ヶ島の特産で青酎《あおちゅう》というのがある。ソムリエ田崎真也が惚れ込んだことで有名になったが、こちらも本来は五〇〜六〇度ある強い焼酎だ。芋と麦があるが、芋のほうも麦麹で仕込まれ、野趣あふれる独特の香りがあって、くさやや酒盗などの発酵食品によく合うと宣伝文にある。やっぱり、くさやだ。

二十余年前、原田禹雄《のぶお》のエッセイ『この世の外れ』を読んで以来、「青」と聞くと反射的に、埋葬地や流刑地のことを思うようになった。青ヶ島や、全国に何十カ所もある大島も、流刑地や葬送地だった。島以外でも、青墓《あおはか》や奥武《おう》、粟生《あお》など、地名にアフ、アオ、オオ、オウなどが入っていると、たいてい埋葬に関係のある土地で、沖縄では「オウに行く」と言えば死ぬことを意味するという。

大学三年の頃、大阪府北郊粟生間谷《あおまたに》のマンションに住む女の子と恋仲になった。いや、片思いだったと言うほうが正確か。サリンジャーの小説に出てきそうな感じの、コケティッシュで情緒不安定な子だった。二人でよく飲みに出かけ、電車の最終も過ぎると彼女のマンションに泊まったり、うちの下宿へ泊めたりしたことも何度かある。

でも、彼女にはベッドを共にする男友達が何人もいて、郷里にはフィアンセがいると言っていた。しだいに私の気持ちのほうが支柱を失い、突発的に深夜、彼女のマンションを訪ねたこともある。彼女は激怒して、その夜は二度とドアを開いてくれなかったが、電話ボックスの中、受話器を通ってくる彼女の声は聖母かと思うほど優しかった。

栗生間谷は山裾の小さな寂しい町だった。近くの山は阿武山《あぶやま》といい、古墳や寺がいくつもあった。私の心は流罪人のように冷え冷えとして、彼女に半分がた、魂を盗《と》られていたような気がする。

青ヶ島より一つ手前の八丈島の焼酎は、江戸末期の流罪人が製造法を伝えたといわれ、やはり原酒は相当強いらしい。有名な芋焼酎に「島流し」というのがある。身も心も凍えそうだった栗生間谷の一夜を懐かしみながら、一度飲んでみようかと思っている。

（二〇一六年四月）

彼の息にビールのにおいがした――「わしはあんたのために祈ってあげるだけにしよう」

彼女はいった。「あなた、こわがってないみたいね」

「ちょっと飲むとね」と、彼はいった。「臆病者に奇跡が起きるんだ。少しのブランデーで、まあ、挑戦的になるんだ――たとえ悪魔だって」

グレアム・グリーン『権力と栄光』

ウイスキー坊主

　ＪＲ恵比寿駅では、電車の発車メロディに「第三の男」のテーマが使われている。もともとエビスビールのＣＭ曲だから、聴いていると反射的に飲みたくなってしまう。駅が毎日ビールの宣伝をしてくれてるようなものだ。

　そもそもなぜ、この曲がビールのＣＭに採用されたかは不明だという。「第三の男」は私の最も好きな映画の一本だが、やっぱりビールと関係するシーンは思い浮かばない。おそらくは単純に、宣伝担当者もこの映画が大好きで、本格派の名作、というプレミアムなイメージをくっつけたかったのだろう。

「飲んだくれの三文文士」と自嘲する主人公ホリーは、確かに映画の中でもよく酒を飲むが、酒類はよくわからない。いちばん印象的な飲んだくれシーンは、ホリーが好きになってしまった女優アンナに最後のお別れを言いに来るところ。大きな花束をかかえ、でも相当に酔っぱらって訪れる。アンナはホリーの死んだはずの旧友ハリー・ライムの恋人で、もうハリー以外の男に恋することは決してないとわかっている。はなから絶望的な恋だ。酔ってでなければ、お別れも言えやしない。

チターの音色が静かに流れる。陽気なメロディに少しずつ哀切な陰が加わり、ホリーが軽いジョークを言うと、アンナがフッと笑う。

「初めて君の笑顔を見たよ。もう一度頼む」

とたんに笑顔が曇る。「二度は無理よ」

「ヘン顔で逆立ちしようか。両足の間から顔を出してジョークを言うよ。それでもダメかい?」

フラレ男の最後のジョークが無性に切ない。

その直後、これ以上はないほど劇的な、ハリー・ライム登場シーンが来る。ここで音楽も例のテーマを軽快に歌い出す。

ハリーは事故死を装って警察の手を逃れようとしていたのだ。陰では大量のニセ薬を売りさばく悪徳商人で、死者や障害者が続出していると、ホリーは警察で聞いたばかりだった。

脚本はグレアム・グリーン。映画化作品も多い人気作家で、代表的な長篇『権力と栄光』には「ウイスキー坊主」と呼ばれる神父が登場する。名前のとおり、アル中のダメ神父だ。

本作の舞台は一九三〇年代のメキシコ。共産主義革命の結果、キリスト教は禁じられ、何千人ものキリスト教徒や神父らが虐殺された。江戸時代の日本と同じくらい、あるいはそれ以上の、残虐さと狂気に満ちた地獄の世界。

ウイスキー坊主は逃げ続ける「最後の神父」だが、聖人らしい威厳もなく、見栄もない。臆病で、信者たちが人質にとられて一人ずつ見せしめに殺されても、自首することもできない。子供たちには白い目で見られながら、隠れ信者たちに会うといつも酒をねだる。禁酒時代でもあったが、秘蔵のビールやブランデーをもらって瓶からごくごく飲み、酒くさい息を吐きちらしながら、悪びれずに言う。

「苦しみがこわいんだ。あんな苦しみを選ぶことは――とうていできないことだね。それに捕まらないでいることは、わしの義務だ」

でも、信仰心は誰よりも強い。人の痛みに敏感で、みんなのために涙を流す。自分が弱い人間だからこそ、誰を責めることもしない。

酒を飲むと「臆病者に奇跡が起きる」と彼は言う。少しのブランデーで挑戦的な気分になれる、悪魔だって怖くない、と。

「第三の男」のホリーが飲んだくれたのと同じ理由だ。絶望的にシビアな背景も似ている。酒に力を借りても、誰も文句は言わないだろう。

（二〇一七年四月）

バーテンの顔をまっすぐ見たゴローは、声がふるえなければいいがと思いながら、

「スローなブギにしてくれ」

と、ゆっくり言った。

「なにを言いやがる、それでせりふのつもりかよ」

片岡義男「スローなブギにしてくれ」

硬派なナンパ本

大学に入学した初日、新入生ガイダンスの席で、私はいかにもチャラ男な風体のSと友達になった。出逢ったその日に彼の自宅へ招かれたが、大きな家で、彼の部屋もまた大きかった。喋っていたのはほとんど彼一人。自分の好きな音楽や小説やファッションの話を、猛烈な早口の大阪弁でまくし立てていた。

バブル前夜の一九八〇年、大阪梅田の繁華街で自分の酒をキープしてある店だと言って、何十枚ものキープカードをザラザラッと広げて見せてくれた。それはつまり、高校時代から飲み屋に入り浸っていたことになる。

読む本もダサい本だと女が逃げて行くからと言って、片岡義男の文庫本を二冊、押しつけるように貸してくれた。片岡の小説はまだ初の文庫化から一年もたっていなかったが、もうボロボロだったのが印象に残っている。

ただし二冊とも、ナンパの役に立ちそうなことはほとんど書いてなかった。

映画にもなった『スローなブギにしてくれ』の表題作など、完全にハードボイルド・タッチの短篇で、オートバイで疾走するのが生きがいの青年と、子猫のような居候少女との奇妙な交流を描いている。ラスト前には、少女を文字どおり叩き出して、青年は自己嫌悪と喪失感にさいなまれた末、なじみのスナックでオン・ザ・ロックをガブ飲み、田んぼに落ちて警察のやっかいになっていた。

三日後、スナックに少女がひょっこり帰って来ると、バーテンから、ジュークボックスの音楽を一曲プレゼントしてやるよと言われ、「スローなブギにしてくれ」とゆっくり言う。「なにを言いやがる、それでせりふのつもりかよ」バーテンの突っこみがまたハードボイルド風味で、いい感じだった。私もこのシーンには少しイカレて、その年の秋、同人誌に載せた短篇でチョット真似をした。ひと夏だけの恋人と別れた夜、なじみのライブパブで「よう、何やろうか」とボーカルに訊かれ、主人公は「ザ・バンドがいいな」と答える。思いのほか明るい声が出た、と自分で思う。それだけで、何かが吹っ切れる感じがした、という話。

借りたもう一冊、『マーマレードの朝』の表題作は、ストイックな主人公と、彼を振りまわす年上のハイソな女の話。女はいつも、大量のウイスキーを飲む。どれだけぐでんぐでんになっても、水で割ってやろうとすると「割らないで」と言う。きつい酒を喉に流し込むのが好きなのは、やはり気分はハードボイルドなのだろう。

その後、Sとはなんとなく疎遠になった。SもSの仲間たちも皆、自分の車を持っていて、あちこちの女子大へナンパに繰り出していたが、戦績はあまり芳しくなさそうだった。

大学の教室で私がクラスの女子と笑い合っていると、少し離れた席のSがひどく羨ましそうに見つめているのを発見してハッとしたことがある。子犬のような目をサッと伏せた彼の丸っこい背中が、ひどく寂しそうに見えた。

本当は気弱だから、ファッションや車や本で武装しようとしていたのかもしれない。

でも、片岡義男の本をボロボロになるまで読んだなら、ナンパするには格好だけじゃダメなんだとSにはわかっていたはずだ。そして片岡のその二冊には、別れの憂愁が多く描かれていた。Sはナンパの技術を習得しようとして、ハードボイルド小説の寂しげな影だけを身に着けてしまったようだった。


（二〇一五年一〇月）

Ⅳ　酩酊のその先へ……

私は池の底に住む一個の志野筒形グイ呑みである。さて現在の私は分不相応の恋を得て光ある世界のなかにいる。相手は金魚のC子で、その馴れそめの経緯は次のとおりである。

藤枝静男『田紳有楽』

付喪神《つくもがみ》の戯れ

藤枝静男は私小説ひと筋に生きた作家といわれ、自分でもそんな発言をよくしたが、実は怪物的トンデモ妄想小説をたくさん書いている。代表作は一九七六年に谷崎賞を受賞した『田紳有楽』。茶碗が人間に化けて主人に講釈を垂れ、丼鉢は自由自在に空を飛ぶ。グイ呑みと金魚は愛し合い、混血ミュータントがわやわや生まれてくる。これを私小説と呼ぶ人は、おそらく作者一人だけだろう。

主人公の一人、グイ呑みは志野筒型。日本酒用のいい物だ。主人の手で池にほうりこまれる前には、その釉《うわぐすり》表面の貫入にたっぷり酒をしみこませていたにちがいない。金魚と愛し合うようになってからは、酒ならぬ催淫薬の飲みすぎで「夢か現《うつつ》かというグデングデンの有様」である。

古くなった器物が生きて動きだす話は、付喪神といって日本には昔からある。猿蟹合戦の臼クンなどがいい例だ。

唐傘小僧とか傘化けとかいわれる付喪神の妖怪は、古びた傘の下から人間の足が一本だけにょっきり出て、下駄をはいている。傘の中ほどにギョロリと一つ目、なが〜い舌をペロペロ出すので、どうも酒呑みのイメージだが、あれはどうも無意味にペロペロやってるらしい。人間をおどかそうとしてるのだが、かわいすぎて誰も驚かない。

それどころか一九六八年の映画「妖怪百物語」では、子供と仲よくなって毎晩一緒にあそんでいた。当時、映画館でもらえたミニ妖怪図鑑みたいな下敷きでは「一本足の傘」という名前になっていた。

同年末ごろには、バビロニアの巨大妖怪ダイモンと日本の小粒妖怪軍団が戦う「妖怪大戦争」が公開されたが、ここでは「一本足の傘」が大活躍する。といっても、ダイモンに投げられてフスマに突き刺さったり、日本側大将の油すましを足につかまらせて空高く舞い上がったりするだけなのだが、傘としての機能を実に有効に利用されていた。

ちなみに、この映画上映時のオマケは、ストーリーを忠実にダイジェストした漫画冊子だった。当時、私は七歳だったが、いまでも印象的なコマはありありと目に浮かぶ。

真っ先にダイモンに殺されるのは河童で、決戦間近、油すましが全軍を鼓舞して叫ぶ。

「河童のとむらい合戦や！」

次のページは大ゴマで、ダイモンの無数の分身と日本妖怪たちが戦う群集シーンになるのだが、あろうことか大ゴマの隅のほうでは、死んだはずの河童（！）も戦っていたりした。

話を猿蟹合戦の臼に戻すと、吉田健一の短篇「酒宴」では、臼クンを引き合いに出し、とりどりの大きさの日本酒タンクたちが付喪神と化して、作者と一緒に酒を飲む。酒呑みの言い訳みたいな妄想だが、来世には酒壺になりてえなあと歌った、例の大伴旅人の万葉歌をもじってるのかもしれない。

トム・ウェイツの「ピアノが酔っちまった」という歌もちょっと似た感じだ。タイトルどおりピアノが酒を飲む。わざと少し調子をはずしたピアノの音色に乗せて、原題の「The piano has been drinking」というフレーズが何度も何度も歌われる。最後は、ピアノが酔っぱらって狂っちまった、オレじゃない、オレじゃない、オレじゃない、と呟いて終わる。これは付喪神というよりは、責任転嫁の言い逃れですな。

（二〇一二年七月）

両の掌に包むと隠れてしまうほどの小さいその茶碗は、佳い陶器の肌のあたたかさと、ハッとするような軽やかな味があって、酒ッ気の切れた病中の身辺から手離す気にはなれなかった。

石川桂郎「酒の器」

酒器愛玩

昨年、妻と沖縄を旅して、那覇の陶器店が立ち並ぶ通りで、お猪口二つとぐい呑みを一つ買った。骨董品やモダンシックなものは高すぎて手が出ないし、安物の多くはわざわざ沖縄で買う意味がないようなものばかりだったが、その店のだけは、庶民的な値段なのに、どれも造り手の個性が強く感じられた。

なかでも気に入った一角にあるのは、みな同じ陶芸一家の作だった。店のおばちゃんは一族と何か縁でもあるのか、アアこれはヒロシのだわ、とか得意気に説明してくれる。

それを適当に受け流して、魚の絵が内側に彫り込まれたのを買った。地の色合いも焦げ茶色のフチの荒い塗りもいい感じだ。素朴で土俗的な中に鋭い閃きが感じられる。酒がキリッと引き締まる気がする。

酒器に惚れぬいた酒豪の文学者は数多いが、青山二郎や小林秀雄みたいに、骨董談義まで始められるとチョットついていけない。

無頼な俳人で小説も書いた石川桂郎《けいろう》の「酒の器」には、黄瀬戸《きせと》のぐい呑みをいとおしむ気持ちがにじみ出ていて、こんな酒器で一度は飲んでみたいものだと心底思わせられる。

幾重にも茂み合った竹の葉を漏れる淡い日の光は、それなりに濾過され浄化した水の滴《したた》りのように澄んで、その暗くレモン色した黄瀬戸の器を静かにまわりから包んでいた。

両の掌に包むと隠れてしまうほどの小さいその茶碗は、佳い陶器の肌のあたたかさと、ハッとするような軽やかな味があって、酒ッ気の切れた病中の身辺から手離す気にはなれなかった。

医者から禁酒を命じられた桂郎は、本物か贋物かもわからないそのぐい呑みを常に枕元に置き、それで薬を飲む寂しさを歌う。

「遠蛙《とおかわず》酒の器の水を呑む」

遠くの蛙どもが「彼奴《あいつ》、水を呑んでいるよ、水だ水だ。ケッケケッケ」とはやし立てているように聞こえて、自分でも笑ってしまったという、絶品の一句。

女友達が見舞いに来て、彼女の手に包まれたぐい呑みは「ほっかりと温かな、はにかむような艶冶《えんや》な姿に見えるのであった」と書く。桂郎の師匠は「酒中花と水中花」の話に登場した石田波郷。色好みは、師匠ゆずりだ。

小川未明の童話「さかずきの輪廻」に出てくる盃も、愛され方が並じゃない。家の主が骨董店で見つけた、江戸時代の名人利助の作。大切にしながらも毎晩これで晩酌をした。

主の没後は仏壇に「なみなみとこはく色の酒をたたえて」供えられた。時には「赤くなった南天の実が徳利にさされて」横に置かれた。

こんなふうに大事にされたが、孫の代では忘れ去られ、売られてしまう。利助の名ももう知る人はいない。といっても利助が実在したのか架空の名かも私は知らないのだが……。

温もりがじかに伝わるような愛され方をしたからこそ、寂しさもいっそう増すようだ。

沖縄から帰ってすぐ、夫婦で酒盛りになり、猪口の裏側をみると、一つだけ「広」の字が彫られていた。アアこれはヒロシのだったか、と気がついた。生きのいい魚のくねる様がくっきりと浮かび、淡麗辛口の酒をますます澄みきった辛口に感じさせてくれる。利助の酒器もこんな風だったのかな、と思う。

「今日は私がヒロシのよ」「いや昨日もだったろ」などと言い合いながら、何者とも知れぬヒロシへ、日々オマージュを捧げている。

（二〇一三年六月）

肉の色が朱泥《しゅでい》に似た、小さな山椒魚のようなものが、酒の中を泳いでいる。長さは、三寸ばかりであろう。口もあれば、眼もある。どうやら、泳ぎながら、酒を飲んでいるらしい。

芥川龍之介「酒虫」

酒虫の秘技

芥川龍之介の処女短篇集『羅生門』に「酒虫《しゅちゅう》」という作品がある。

真夏の炎天下、素裸で仰向けに縛られた男と、その枕もとに置かれた酒甕《さかがめ》、そばで見守る二人の男――話はこんな怪しげな光景から始まる。素裸の男は大富豪の劉《りゅう》サンで、底なしの大酒飲みなのに酔ったことがない。異国の坊主がそれは珍しい病気だと言い、腹の中に巣食う酒虫を追い出すため、炎天下の苦行が始まったわけである。

やがて劉の口から出て酒甕に飛び込んだ酒虫は、赤褐色で長さ一〇センチほどのチビ山椒魚のようなヤツ。目も口もあり、泳ぎながら酒を飲んでいるのだった。

劉はそれ以降、酒が飲めなくなり、少しずつ病み衰え、貧乏になってしまったという。

原話は中国・清の時代に編まれた奇談集『聊斎志異《りょうさいしい》』。こちらは粗筋程度の短さで、酒虫も「赤い虫」と書かれ、芥川版のポニョっぽい可愛さはないし、「泳ぎながら酒を飲む」芸当も披露しない。

そのかわり、原話では芥川が省いた酒虫のその後が描かれる。坊主は礼金がわりに酒虫をくれと言うのだ。甕に水と酒虫を入れてかき回すと旨い酒になるから、と。試してみるとそのとおりになる。そんな重宝な虫なら奪い合いで死人も出そうなものだし、自分で酒を醸せるなら人の腹中で酒を待つ必要もない。芥川は構成上の不自然を嫌ったのだろう。

それでも、このエピソードにはまた別種の味わいがある。一読、メキシコの芋虫テキーラを思い出した。テキーラは竜舌蘭《りゅうぜつらん》の絞り汁を蒸留してできるが、メキシコでは竜舌蘭に寄生する芋虫を一緒に瓶詰めしたテキーラも売っていた。美味しいからか薬効があるからか、飲んではいないのでわからない。

薬効があるといえば、強精剤のマムシ酒なんてのが日本にもある。生きたままのマムシを焼酎に浸すので、このマムシも酒虫のように自らゴクゴク焼酎を飲み、毒やら尿やら瓶内にまき散らすことになる。それによって薬効が出るわけだろう。

サソリが入ったベルギー産スコーピオ・ウォッカなども、やはりその毒が決め手だろうか。ちょっと試す勇気は出ない。エンジムシの真っ赤な体液を染料に使ったカンパリぐらいなら平気だが、ナマの丸ごと毒虫はキツイ。

余談だが、私の祖母は昔、薬にすると言ってカマキリをアルコール漬けにしていた。捕ってきたカマキリをあげると、祖母は喜んで、生きたまま小瓶に詰める。六、七匹のカマキリが折り重なって密封されてあり、茶色の体液でカマキリの原形がわからなくなるほど澱んでいた。子供心にババは魔女かと思ったものだ。残念ながら飲むところは見せてくれなかったが、飲む時にこそ魔女に変身するにちがいない、と思った。

調べてみると、カマキリは漢方薬に使われ、干したり焼いたりすりつぶしたり、いろんな服し方があるようだ。ヤシ油と一緒に煎じて飲む、という処方もある。ババのはこれだったのか？　と合点しかけたが、どうやらこれは、ハゲ薬らしい。う〜む。

（二〇〇九年二月）

やがて酔いつぶれて、寝ころんだ。みるみる三郎のからだは溶けて、煙となり、あとには着物と草履だけが残った。才之助は驚愕して、着物を抱き上げたら、その下の土に、水々しい菊の苗が一本生えていた。

太宰治「清貧譚」

菊の精の契り

太宰治は昔話を翻案して小説を書く名人で、「走れメロス」に続く翻案小説「清貧譚」は、中国の奇談集『聊斎志異《りょうさいしい》』に材をとっている。

「酒虫の秘技」の回で、芥川作品「酒虫」と、これも『聊斎志異』の原話とを比較して、それぞれ違った魅力があることを紹介したが、太宰のもやっぱりそんな感じだ。

お話は菊マニアの馬山《まやま》が、やはり菊に詳しい陶本姉弟《とうもときょうだい》と出逢って我が家の離れに住まわせるところから始まる。姉弟が畑を借りて菊を育てると、見事な花が咲きほこり、買いたいという客が群れなして訪れるようになる。商売優先か清貧の志かで一旦は仲たがいしてしまうが、紆余曲折の末、馬山は陶本の姉と結婚、家も栄えた。三人で花見に出かけると、弟は姉の制止もきかずどんどん酒を飲んだ。

「姉さん、もう私は酒を飲んでもいいのだよ」

やがて弟の体は溶けて消え、あとには菊の苗が一本だけ残った。苗を育てると、秋に開いた花は「薄紅色で幽《かす》かにぽっと上気して、嗅いでみると酒の匂いがした」とある。姉のほうもやはり菊の精のはずだが女体のままで、馬山は彼女を深く愛しつづけたという。

原話のほうは感情の交流はほとんど描かれず、オカルト色が強い。こちらの主人公の馬《ば》には古女房がいて、それが陶《とう》の弟の予言した日に死亡する。数日後、遠方にいた弟から、姉と結婚してほしいと手紙が届くが、書かれた日は女房の死んだ日だった。

決定的に違うのは、原話の弟はもとから酒飲みであることだ。ある晩、調子にのって一〇〇本の酒を飲み、菊になってしまう。その時はすぐに姉が連れ帰って介抱したので、翌朝には人間に戻れたが、二度めは姉のいない時に飲んだくれて菊になり、根も株も枯れてしまう。育った花から酒の匂いがするのは同じで、酒をかけてやるとますます元気に育つ、という酒びたりの菊が出来上がって終わる。

面白さのポイントが違うので、どちらがいいとは言えないが、太宰版では菊の弟とのラストシーンに胸あたたまる思いがする。酒を飲むと菊になることがわかっていながら、何かやり遂げたような優しい顔で杯を干す姿に、菊と人間との奥深い交流のかたちが見える。

人と人でないものとが交歓する異類婚姻譚は、大昔から民話や伝承など無数にあり、異類が植物の例も少なくない。なかでも中世の御伽草子「かざしの姫」は、「清貧譚」と同じく菊の化身との契りを描いている。姫のほうが人間で、夜な夜な通って来る美青年の少将が菊の化身。菊をいとおしむ姫の心に感応して、菊の精が現れたのである。

朝廷で菊花の優劣を競い合う祭事があるという前の晩、少将はうちしおれた様で現れ、逢えるのは今夜が最後になってしまったと告げる。少将は鬢《びん》の髪を切って鳥の子紙に包み、「私を忘れないでおくれ」と姫に渡して去る。後に包みを開いてみると、中身はしぼんだ一本の菊であった。さては菊の精であったかと初めて思い当たるが、そうとわかっても少将が恋しくてならぬ姫は、恋わずらいにやつれ衰えて死んでしまう。姫と少将との間にできた娘は絶世の美女に育ってゆく。

この話には酒の話題が出てこないが、菊花の祭事といえばおそらく陰暦九月九日、重陽の節句のことで、菊酒がふるまわれたことだろう。少将の菊も花びらになって、姫の体内へとすべり込んでいったかもしれない。

（二〇一七年八月）

鏡にうつる自分が、彼らや彼女たちにとっては何よりの肴、何よりの飲み友達、何よりの恋人なのであった。酒すらナルシシストたちは酔うために飲むのではなかった。

宇能鴻一郎「鏡の妖魔」

鏡のある酒場

崩れかけた穴ぐらの底のような地下二階に、一軒だけ取り残された酒場「鏡」がある。一〇人でいっぱいになる程度のカウンター・バーで、扉を開くと正面の壁に大きめの鏡が掛かっていた。源氏鶏太の短篇「鏡のある酒場」は、こんな店で起こる怪異な現象を語る。

入口正面に大きな鏡がある酒場なんて、現実にはなさそうな気がするが、どうなのだろう。バーというと、たいていハシゴをして二軒めか三軒めぐらいに入る感じで、そこに鏡があると、チョットおぞましい姿が目に入ってしまう。酔っぱらった自分の顔など見たくないし、自分の顔が別人に見えたりしたらもっと怖い。だから、いままで入ったバーで、目立つところに鏡があった記憶はない。記憶がないだけかもしれないが、それはともかく、源氏鶏太もやはり不気味な小道具として、鏡を使っている。ここへ吸い込まれてしまうと、もう現実世界には戻ってこられない。マダムに惚れた男どもは、うかうかと鏡の向こうの世界へ足を踏み入れてしまうわけだ。

鏡にまつわる都市伝説は、昔から数多くあった。夜中に鏡を見て、首が二つになっていたり、あるいは、首が映っていなかったりしたら、死期が近いとか、自分の横に知らない女の子が映っていたらどうしよう、とか……どんな鏡像がいちばん怖いか、子供同士、妄想を競い合った。あげくに怖さが染みついて、夜中にトイレに立った時など、洗面台の上に掛かる鏡だけは絶対に見ないようにしたものだ。

やはり子供の頃、三面鏡の両サイドを直角にして、そこに顔を入れてみたことがある。自分の顔がいくつもいくつも、とらえきれないほど遠くまで延びつらなり、胸の奥をキューッと引き絞られる思いがした。見ているうちに鏡の内側の世界へ吸い込まれてしまいそうで、慌てて身を引いた。

江戸川乱歩の短篇「鏡地獄」にも、それに類する感覚が描かれている。レンズや鏡を偏愛する男が、内部をすべて鏡にした球体の部屋に閉じこもり、発狂するまでを描いた話。単なる奇想にとどまらない生々しい実感が伴っていたのは、乱歩自身、鏡が好きだったからだろう。乱歩は「怪談入門」の中で、怪談を九種類に分類して解説したが、そのうちの一つが「鏡と影の怪談」だった。

宇能鴻一郎「鏡の妖魔」は、「鏡地獄」へのオマージュともとれる短篇で、ここに出てくる酒場は、もう鏡だらけだ。洋酒棚の背後も、カウンターの上も、壁も天井もみんな鏡。そのうち頭がヘンになってしまう客もいるが、もともとヘンテコな客ばかり集まって来るのだ。モヒカン刈りの男色画家も、宇宙を覗き見た詩人も、罵られることに快感をおぼえ始めた作家も、みんな鏡に映るいくつもの自分の姿に酔うナルシシストだった。

「頬笑みかけたり、眉をひそめてみたり、悲しげにうつむいたり」どこを見ても自分がいる。

鏡にうつる自分が、彼らや彼女たちにとっては何よりの肴、何よりの飲み友達、何よりの恋人なのであった。

物語は、若い女性写真家とモデルの美青年とが現れてから、狂おしい乱歩世界へとスライドしていくのだが、妖魔と呼ぶも地獄と呼ぶも、鏡に魅入られた物語の主人公たちにとっては、至上の楽園であったに違いない。

とはいえ、ナルシシストでない身には、やっぱり酒場に鏡はないほうがいい。

（二〇一七年六月）

「それ程お前が酒を好むなら、私はいくらでも飲ませてやる。冷《ひや》やかな海の潮に漬《つか》っているお前の血管に、激しい酔《よい》が燃え上ったら、定めしお前は一層美しくなるであろう」

谷崎潤一郎「人魚の嘆き」

人魚は酒が好き

人魚は酒が好きなもの、そう思い込んでいた。エロティックな肢体、下半身の鱗《うろこ》もなまめかしく、酒に酔えば、あらわな胸元までピンク色に染まる、そんなイメージが浮かぶ。

しかし、世界各地の人魚伝説を調べてみても、酒好きの人魚はほとんど出てこない。アンデルセンの「人魚姫」に至っては、愛する人のため自分の声を捨て、最後には命も捧げる高潔な少女で、酒など一滴も飲みそうにない。

おかしい、確かに酒飲み人魚はいたはずだ、と我が家の書棚をひっかきまわして、ようやく見つけたのは日本の作家ばかり三作。

まずは谷崎潤一郎の短篇「人魚の嘆き」。私の人魚イメージの源泉はこれだった。

その昔、南京の貴公子が買い取った美しい人魚は、常に水槽の底にうずくまっていて、彼がどれほど恋い焦がれようと、言葉も交わせない。この情況設定は、声を失ったアンデルセン版人魚姫へのオマージュかと思うが、谷崎版ではここから「破」がもたらされる。

ある晩、貴公子が熱燗の紹興酒を飲んでいると、人魚が水面へ出てきて両腕をさしのばしてくる。杯を渡すと「我を忘れて真紅の舌を吐きながら」ひと息に飲み干し、直後、人魚は人間の言葉で身の上を語りはじめる。

ふだんは交流手段のない人間と人魚が、一杯の酒の力で会話できるようになる。この会話シーンが印象的で、人魚は相当な酒好きだと、私の頭の中に刷り込まれていたようだ。

澁澤龍彥の長篇『高丘親王航海記』に出てくる儒艮《じゅごん》は、姿はまさにジュゴンだが「全身うす桃色」で、なかなかの色気がある。酒をやると、うつらうつら眠りはじめ、「肛門から虹色のしゃぼん玉に似た糞が一粒、また一粒と、つづけざまに飛び出して、ふわふわと空中をただよっていった」。そうして、この儒艮も徐々に人間の言葉を語りだす。

阿刀田高のショートショート「マーメイド」の人魚は、バーのママをやっている。カウンターの向こう側は水槽で、ママは泳ぎながら水割りやツマミを作ってくれる。もちろん、注《つ》がれれば自分も飲む。その後はセクシーな展開もたっぷりあるが、主人公は悪い男で、溜まりに溜まったツケを踏み倒そうとするのだ。どうせママは水槽から出られないだろう、と。しかし、ある日、彼女の「弟」が集金にやって来る。そう、人魚族の男は上下が逆で……という怖い話。

下半身が人間の場合は、非常にグロテスクな形状になる。醜いので、フィクションの世界では男であることが多い。「ウルトラQ」に登場した半魚人ラゴンなどもこの系統で、女の人魚とは全然ちがって怪獣扱いされる。

ケンタウロスとミノタウロスの関係もそうだ。下半身が馬の人獣ケンタウロスが時に英雄視されるのに対して、上半身が牛のミノタウロスはやっぱりグロテスクで悪魔っぽい。

今回、谷崎の「人魚の嘆き」を再読して、私はめったに会わない兄のことを思い出した。彼もふだんは全く言葉を発しない変わった男だが、酒好きで、一定程度の酒が体内にまわると途端にベラベラとしゃべりだす。初めてその様を見たときは、海が割れるのを見たヘブライ人のように驚いたものだ。

もしも兄の前世が人魚だったとしたら……その姿が半魚人型だとヤバイ感じだし、かといって兄の顔をマーメイド型にはめこむのも、ちょっと気持ち悪い。

（二〇一七年二月）

天正二年正月元日、信長は北国の戦いで討ちとった朝倉、浅井父子の首三つを漆で塗り固めた髑髏盃にして、諸将とともに宴席でこれを用いて喜んだという。

澁澤龍彥「髑髏盃」

髑髏盃

勤めた出版社をわずか一年で辞めた私は、その後一年余り、実験的なオカルト小説の構想をひねくりまわして日をおくった。構想に行き詰まると飲みに出た。といっても連日飲んでいたから、連日行き詰まっていたのだろう。一九八六年頃のことである。

宇宙論から死後の世界までホラ話ならなんでも来いの友人Oと飲んだ夜、酒器によって酒のうまさに違いが出るかどうかという、どうでもいいテーマで議論した。

香りの立ち方に多少違いはあるにせよ、基本的にはどんな酒器で飲んでもうまい酒はうまい、とOは言う。私もまあそうかな、とは思ったが、議論にならなくては面白くないので、逆の立場をとった。

たとえば、なでまわしたくなるほど好きな酒器があったとする。それを手にもてば、脳味噌に特別な快感信号が駆けぬける。こいつで酒が飲みたい、と脳味噌がよだれを出す。注いだ酒は実際よりうまく感じるんじゃないか。そんな理屈をテキトーにこねてみた。

口達者のOが珍しく神妙にうなずき、おもむろに「髑髏盃なら、どうかな」と切り出した。怪奇指向の二人にとって、当時「髑髏盃」といえば即、澁澤龍彥の新刊『うつろ舟』に収録されていた短篇のタイトルに直結した。

その昔、織田信長は浅井・朝倉軍の大将首三つの中身をくりぬき、漆塗りして金泥をかけた髑髏盃を酒宴に用いたという。酒盃コレクターでもあった江戸時代の文人高野蘭亭は、自分もぜひとも髑髏盃を手に入れたいと思い焦がれた。ついには深夜の山中で南北朝時代の名将の墓をあばき、髑髏盃に仕立て上げる。

おどろおどろしい話なのに、澁澤の流麗な絹のような文体で読むと、そんなに美しい盃なら一度は拝んでみたいという気になる。

菊地信義の装丁による造本がまた美しかった。かっちりした函入り。上質の布クロスに金の箔押し。本文の文字は萌黄色でたっぷりした余白をとっている。本を手にもつだけでうっとりして、グロテスクであるはずの物語が楽園の色に染まって見えた。

蘭亭が耽奇の趣味人なら、澁澤もそうだし、こんな凝った造本にした編集者もマニアックな趣味人といえた。

髑髏盃にするなら誰の首にするか。私は出版社勤めの一年間に出逢った本屋の偏屈オヤジたちの顔をあれこれ思い浮かべ、空想の中でヤツらの首をひとつひとつ髑髏盃に仕立ててみた。金色に染めると、憎いオヤジもなんだか愛くるしく思えた。

「やっぱり美女の首がいいんだろうな」

Oの声で私は我に返り、おぞましい妄想を頭から振り払った。

「頬ずりしながら酒を飲めば、それこそ百年の酩酊に引きずりこまれるかもしれんよ」

Oは笑いながら、そのまま酩酊にいざなわれていくようだった。

澁澤の「髑髏盃」では、やがて蘭亭の妻が人ならぬものを出産、蘭亭自身は奇病にとりつかれて、きっかり一年後に死んで終わる。

Oはその後、異業種交流パーティーの企画会社を興し、一度私も誘われたが断った。異国パブのホステスも大勢来るよ、と笑った電話の声が変にカン高くて、少し怖くなったのだ。

それきり彼とは会っていない。彼のことだから本当に美女の髑髏盃を作り、夜ごと酩酊しているかもしれない。あるいは、もう……。


（二〇一四年二月）

『虚無』へ捧ぐる供物にと
美酒すこし　海に流しぬ
いと少しを
——ヴァレリイ

中井英夫『虚無への供物』

海も川も酔っぱらう

中井英夫の長篇『虚無への供物』の巻頭に掲げられた詩句である。

ヴァレリーの原詩には、最後の「いと少しを」はない。文節の並び順も違う。それでも、中井の引用でこの詩を知り、カッコよさに打ち震えてしまった者には、もう中井の言葉でしか酔えない。

中井のつかう言葉には、いつもそんな魔力があった。

スタイリッシュかつ耽美的な幻想小説を書きつづけた作家で、塔晶夫という、凝りすぎ(?)なペンネームで発表したデビュー作がこの異色長篇だった。夢野久作『ドグラ・マグラ』小栗虫太郎『黒死館殺人事件』とともに推理小説史上の三大奇書として知られている。

未来に起こる殺人を推理マニアたちが推理するところから始まり、作中でミステリーについての豊富なウンチクが語られる。殺人の推理とともに推理小説とは何かを推理する小説、いわばメタフィクションであり、アンチ・ミステリーでもあった。

最後には小説自体がバラバラに解体されて、殺人事件自体、起こったのか起こらなかったのかもわからない、虚無の世界へと物語は拡散して終わる。

ヴァレリーの詩「失われた美酒（Le vin perdu）」のフレーズが物語全体に覆いかぶさってくる感じだ。

美酒はvin、つまりワインのこと。詩はこのあと、海に流されたワインが「薔薇いろの煙」のように広がっていく様をうたい、唐突に「波は酔った！」と感嘆の声をあげる。そして逆巻く波の中、何モノか深淵なるものが自分には見えた、と告げて詩は終わる。

海がワインに酔うことで神秘が顕現する、そんな奇抜な発想をどこから思いついたのだろう。あまりに壮大で、気が遠くなりそうだ。嵐の海の波頭から波頭へと裸足で駆けぬける少女を夢想したアニメ監督と、同じ憧れ、同じおそれを、果てない海に思い描いていたということか。

ヴァレリーより早くに象徴派の詩人として世に出たアポリネールは「ライン河は酔っている」とうたった。

葡萄畑を映して
夜の星かげは金色にわなないて降ってきてそこに映ってる

（「ラインの夜」堀口大學訳）

なんのことはない、アポリネール自身が酔ったのだ。詩人たちは自分の酩酊を川や海が酔ったせいにして、そこから連鎖的に、きらびやかな夢を増殖させていくのかもしれない。

宮沢賢治の童話「やまなし」では、熟成して川に落ちた梨が酒になる。いい匂いの酒が無限に醸されて、海へと流れ広がっていく。

そんなイメージが記憶に焼きついていたのだが、改めて読んでみると、海へ広がっていくシーンは書かれていなかった。蟹のパパが「おいしいお酒ができるから」あと二日待てよと子供たちに言い聞かせて、すみかの穴ぐらへ帰って行くところで終わっていた。

あとは私の妄想だったわけだが、でも川に落ちた梨だから、出来た酒はやっぱり海に飲まれてしまうんじゃないだろうか。子蟹たちも気が気じゃない。海が梨酒で満たされたら、ぼくらも海へ行こう。そんな決意を胸に、次から次へ妄想はふくらんでいったことだろう。

（二〇一四年四月）

一杯の赤い液体をたたえたグラスが、眼の前で、揺れる。
あのワインのなかに、この肉体の悪魔が、ひそんでいた。
あの美しい酒が、わたしの体のなかで、いま悪魔の肉に変わりはじめている。

赤江瀑「八雲が殺した」

人を呑んだ話

豊臣秀吉の母はある日、太陽を呑み込む夢をみて、直後に秀吉をみごもったという。いかにもアト付け設定くさい英雄誕生譚で、秀吉自身が言いふらしたものかも、と想像するとチョット微笑ましい。

茶碗の水に映った太陽を呑んだのだとしたら、いとも簡単、誰でも英雄になる笑い話だが、呑み干すのが顔なら、これは怪談になる。

小泉八雲は江戸時代の未完の怪談として、「茶碗の中」という話を紹介している。ある大名の家来が茶店で茶を飲もうとすると、水面に見知らぬ美少年の顔が映った。驚いて汲みかえるが、やはり映る。不気味に思いながらも一息に呑み干したところ、その夜、水に映った若者がやって来る。即座に斬りつけると、若者は壁を抜けて消えた。翌晩は、若者の家来が三人がかりで襲いかかってくるが、これも追い払ったところで話は終わる。

作者不明の江戸時代の原話では、報復に来た家来たちがこう言う。

「そなたが恋しくてならず参上したものを、応じてくれないのはともかくとして、いきなり斬りかかるという法はなかろう」

八雲はこの一文を削ることで、物語から衆道のにおいを消し、これがために起承転結のハッキリしない話になった。

赤江瀑の短篇「八雲が殺した」は、この八雲の処置への批判をマクラとして、新しい現代怪談を語りだす。

陽あたりのいいレストランで、ヒロインの乙子は赤ワインのグラスを口元へ運ぶ。フッと、グラスの曲面に純白のスーツを着た紳士が現れる。テラス席に座る紳士の姿が映りこんだのだ。乙子は白い光の戯れに見とれながらワインを飲み干し、その晩から夢の中で紳士と密会するようになる。

「あの美しい酒が、わたしの体のなかで、いま悪魔の肉に変わりはじめている」

とろけるような肉欲の魔性を描くには、やはり芳醇な赤ワインでなければならなかった。

平安時代を舞台にした物語ならば、呑み干すのは清酒になる。

星新一と並び称されたショートショート創成期の名手山川方夫《まさお》の「菊」は、平安時代の宮中に仕える女性が主人公。

御所の花見の宴で「革くさい武具の匂いのする」若い武士に酒を注《つ》いでやると、杯に桜の花びらが一ひら舞い落ちる。

「まるで、あなたの頬が杯に浮いたようだ」

武士はそう言うと、花びらごと酒をぐいとあおる。と、女は「自分が彼の喉を通り、彼の中に嚥《の》みこまれてしまったようなはげしい惑乱」をおぼえる。

「恋が身を刺すような一つの痛みであり、その痛みとともに呼吸《いき》づく幸せであり、ぼんやりとしたままでの充実にみちびく胸ふさぐおののきであり、なんの理屈もない、ただその人のそばにいたいと願う、ばかげた、しかしとどめようのない火であるのを、女は生まれてはじめて知った」

長い一文に、不毛でない恋がこの世にあることを、作者自身が祈り籠《こ》めているような気迫が感じられる。

恋のとりこになった女は、若い武士そっくりの木彫りを造りはじめるのだが……。

生身では決して結ばれぬ身分違いの恋。その始まりには、やはり透きとおった甘やかな香りの清酒がふさわしい。

（二〇一四年八月）

一本目がたちまちなくなり、おれがとっておきの二本目の小ビンをザックから取り出すと、皆は手を叩いて喜んだ。
「酒が入ると傷がうずくねえ」

夢枕獏「ことろの首」

恐怖の宴会芸

鬼が酒好きだという話は前にも書いたが、始末の悪いことに、奴らは宴会も好きだ。

たとえば瘤《こぶ》とり爺さん。いろいろヴァリエーションがあるらしいが、無欲な爺さんは瘤がなくなり、性格の悪い爺さんは瘤がふえてしまう、という語られ方がメジャーだろう。

原典の『宇治拾遺物語』では微妙に違う。宴会好きだった爺さんは、鬼たちの楽しい酒宴に浮かれて「わしも一つ」と、思わず飛び出て踊りだす。きっと人間たちの間でも踊りの名人だったに違いないが、頬の瘤のせいで「人に交じるに及ばず」孤独に暮らしていたのだった。鬼たちは爺さんの踊りに拍手喝采、また来てくれよと人質ならぬ瘤質を取ろうとするその時、爺さんは「目でも鼻でもくれてやるが、瘤だけは大事なので勘弁してくれ」と頼む。ホントに瘤が可愛いんだよヴァージョンもあるけれど、ここでは明らかにウソで、爺さんはホクホク顔で帰るのだ。無欲というより享楽的で、したたかな爺さんである。

隣家の爺さんは踊りがヘタなせいで両頬に瘤がつき、一生の罰ゲームを与えられた形だ。

人前に出るのが苦手な人間にとって、宴会で芸をさせられること自体が罰ゲームみたいなものなのに、芸がヘタだとさらに罰があるんでは、いよいよもって救いがない。

夢枕獏「ことろの首」では、宴会芸がいまいちだと首が飛ぶ。かみ砕かれ、全身を食い尽くされる。「ことろ　ことろ　くびをとろ」そんな歌と手拍子が順番に回ってくる、その恐怖はたとえようがない。

筒井康隆「熊の木本線」でも順番に宴会芸が行われるが、こっちは楽しい感じで始まる。「ノッケ　ノッタラカ　ホッケ　ホッタラカ」といった歌と踊りは読んでても笑えるが、同じように聞こえる歌のほんの二言三言の違いで、国が滅亡するという。一斉に笑いが途絶えた時の恐怖は、これはまた別種のものだ。

牧野信一が自殺の一年ほど前に書いた「鬼涙村《きなだむら》」では、もはや決められたルールもなく、唐突に悪夢の罰ゲームが襲いかかる。今度はあいつだ、気に食わねえから「担《かつ》いで」やれ。「担ぐ」とはリンチの別名だった。担ぎ手はそれぞれ青鬼や赤鬼、天狗、狐などの面をかぶり、鬼涙音頭が歌われる祭りの晩、誰かが一人、担がれる。いわば、うっぷん晴らしの暴力が芸の代替物になっているわけで、この村の奇習は絶えることがなかった。

私にも憶えがある。大学時代に属していた体育会系のサークルでは、年度末の納会に「蹴り出し」という行事があった。卒業する先輩を一人ずつ取り囲んで、蹴り倒すのだ。囲まれるのは憎まれ者の先輩だけだが、マネージャーだった院生の先輩は、卒業時の「蹴り出し」であばら骨を折ったという。

いつか自分もあの輪のまん中に、と思うと本気で蹴れなかったが、蹴らない者は逆に反感を買う。卒業生でもないのに蹴り出しの輪に放り込まれた。その先はご想像どおり、先輩だろうが後輩だろうが、思う存分、蹴った。最後のほうは蹴るのが快感になっていた。

宴会芸や罰ゲームは今でも嫌いだが、何が怖いと言って、あのとき喜びに震えて蹴り続けた自分に、いちばん身の毛がよだつのだ。

（二〇〇九年一一月）

そっと覗いてみると五六匹の河童が、酒盛の最中であった。貧乏徳利を囲んでひどく上機嫌にやっている。源景寺渕に、昔から棲みかをなす九千坊の一族だろう。酒の肴は鯉、鯰《なまず》、鮎、鮒《ふな》、鰍《かじか》などふんだんに平石の上に置いて、差いつ押えつ大した景気だ。

佐藤垢石「河童酒宴」

河童の酒宴

子供の頃から、河童は酒飲みというイメージがあった。清酒「黄桜」の広告で、小島功の描く河童たちがいつも酒を飲んでいたからだ。大人も子供もみな素っ裸で、どこかのバーのママみたいな美人河童が胸もあらわに寝そべっていたりすると、子供心にもヤバイ気がして、慌てて新聞を閉じたものだ。

実際の（?）河童はどうなのか、たとえば芥川龍之介の「河童」を繰ってみても、ほとんど酒は出てこない。哲学的な河童ばかりで、中に一匹「ある雌の小説家などはテエブルの上に立ち上がったなり、アブサントを六十本飲んで見せました。もっともこれは六十本目にテエブルの下へ転げ落ちるが早いか、たちまち往生してしまいましたが」とあるきりだ。

それでは、と火野葦平の連作集『河童曼陀羅』をめくってみる。葦平は酒豪でもあるからさぞ、と思ったが、これも意外に少ない。でも、河童の酒好きは言うまでもない、という雰囲気はある。

連作の一篇「紅皿」は、河童二匹の対話劇。

さあ、そんな仏頂面をせずに、一杯、飲みたまえ。この猿酒はもう百年以上も経っているといっていた。木瓜《ぼけ》もこんなにうつくしいじゃないか。木瓜の木の下で猿酒を飲んだ先輩が、自由に思うものの姿に化ける忍術を会得したという話がほんとうかどうか、ためしてみようじゃないか。

しかし、三〇〇年以上熟成した猿酒でないと化けられないと聞いた、と一方が言う。

だが、これはいい酒だ。百年も長生《ながいき》するような気がする。五臓六腑が浮かれだすようだ。

楽しく猿酒を酌み交わすのだが、そのウラに陰惨な復讐劇が潜んでいたという怖いお話。

佐藤垢石《こうせき》の「河童酒宴」によると、人間以外の動物ではウミガメやスッポンが大酒飲みで、そのスッポンが一〇石の酒（一升瓶に換算すると一〇〇〇本）を飲み尽くすと河童に出世するのだという。河童は酒豪中の酒豪ということになる。

そんな河童たちがある日、利根川の淵で魚をずらり並べて酒盛りしていたそうな。奴ら、村の老人が飼ってる子馬を盗んで食らおうと企んでいる。そこで人間たちも計画を練った。河童たちにしたたか酒をごちそうして、泥酔したところを逆に捕まえてやろうという算段だ。

結局、一匹二升ぐらいずつ飲んで、酔うには酔ったが、まんまと逃げられてしまう。あとには河童の青い皮だけが残っていたという話。皮を脱いで飲むとは、さすがに火照って熱くなるからか、それともそれが礼儀なのか、シュールで可笑しい。

藤枝静男「龍の昇天と河童の墜落」では、龍と河童が出てきて、この話で出世魚チックなのは龍のほうである。山に千年、海に千年、川に千年、それから後は天に昇るという。

川の淵に住んでいた昇天まぎわの龍を、河童たちが龍神様と祭り上げ、「人間共」に年二回お供えをさせていた。「四斗樽一杯の赤飯と、四斗樽一杯のお酒」が淵に投げ込まれると、「さあ河童の群は大騒ぎだ。寄ってたかって蓋をあけ、赤飯は一粒残さず、酒は一滴のこさず平げた挙句、大暴れに暴れて樽をバラバラに砕いて放り出す」。

龍神様はというと、淵の奥深くで「河童のもって来た少しばかりのお余りの酒にトロンとして」いるばかり。やっぱり河童はなかなかのワルで、天下一の酒豪らしい。（二〇一九年二月）

この町のサフラン酒は、ますます特色のあるものとなりました。女は、とうの昔に死んでしまったけれど、その血の色を帯びて醸される酒は、幾百年の後までも、残っていました。そして、その魔力をあらわしていました。

小川未明「砂漠の町とサフラン酒」

赤い酒の霊力

芳醇な赤ワインに魔性がひそむ話は、前にも登場した赤江瀑や中井英夫ら耽美的な幻想作家が好んだモチーフである。西洋の美酒ミステリーをあつめた本などでも、酒類はやっぱり赤ワインが多い。キリストの血に擬され、また、悪魔の血にもたとえられる。

つまり本当は、ワインに限らず「赤い色の酒」に不気味なイメージがくっつくのだろう。トマト・ジュースとウォッカのカクテルなど、実はそれほどは赤くないのに「ブラッディ・マリー」と呼ばれる。

赤米の日本酒というのも各地で醸されているけれど、ワイン以外の赤い酒が一般になじむまでには、相当の時間が必要かもしれない。

昔、ペプシコーラ社から販売されていた炭酸飲料ミリンダには、当初オレンジ、グレープ、レモンライムの三種があったが、何年か後にメロン、ストロベリーと次々に新商品が加わった。緑色のメロンまではありかな、と思ったが、真っ赤な色のストロベリーは、当時中学生だった我々にも、ちょっとした衝撃だった。飲んでみせるのが肝試しみたいな雰囲気になったし、味もなんだか粘りつくような異様な甘さだった。結局、後発のストロベリーが真っ先に姿を消したんじゃなかったろうか。

「赤いろうそくと人魚」で赤い色に不吉なイメージを塗りこめた小川未明の童話に、「砂漠の町とサフラン酒《しゅ》」という、これもホラー色の強い一篇がある。

砂漠の町へさらわれて来た美女たちが造る真っ赤なサフラン酒は、飲むと「たちまちのうちに、疲れがなおってしまい」、美女たちのお酌で男たちを夢心地に誘った。黄金や宝石を求めて旅する男たちは、行きも帰りもその町に立ち寄る。夢の酒場。忘れがたい美酒。

ふるさとに帰れば、飲もうと思っても、飲まれないのだから、一杯だけ飲んでゆこう。

そしていつも有り金つかい果たし、また鉱山へ舞い戻る。二度と故郷へは帰り着けない。その赤いサフラン酒の親酒には、かつて小指を切って死んだ一人の奴隷娘の恨みの血が溶かし込まれていた、という話。でもまあ、因果話を抜きにしても、美女と美酒のオアシスと来れば、ずるずるとハマってしまうのも男の性《さが》としてやむをえまい。

戦後の怪奇探偵小説の旗手、香山滋の中篇「怪異馬霊教」には「アルカゴーク・クラースヌイ」という赤い酒が登場する。

その酒は淫祀邪教の地下帝国で醸され、「肉体の苦しみを和らげ」るだけでなく「すべての悩みを取り除く霊薬」だという。少し、サフラン酒の効力に似ている。香山は秘境探険小説のエキスパートだったので、未明の童話にも関心があったかもしれない。

ただし、この酒の主要成分は幻覚キノコである。コケモモの搾り汁を発酵させて醸した酒に、ベニテングタケを浸して赤くした魔酒。現代の新興宗教さながら、これで信徒を洗脳する仕掛けなので、うかうか夢心地ではいられない。赤いキノコは見た目も危険な感じだ。

カンパリソーダの赤もきれいだが、その染料はエンジムシの体液である。それを知って、もう二度とカンパリは飲まないと言う人もいれば、逆に飲みたくなったと言う人もいる。私はもちろん後者。砂漠の町のサフラン酒も、アルカゴーク・クラースヌイも、本物に出逢えるならば是非とも飲んでみたい。ミリンダストロベリーだけは、もうカンベンです。（二〇一五年六月）

ケンは、深くは酔わなかったが、一日中酔っていた。酒瓶を手にしたまま眠り、めざめれば、少し肴をつまんで、また飲んだ。——そうすると、幸福な気持は次第にふくれ上っていき、何もせずに宇宙を眺めながら酒を飲んでいるということがうれしくて泣きたくなり、酒瓶にほおずりして、静かに涙を流すのだった。

小松左京「ＳＯＳ印の特製ワイン」

終わりの日々を……

かつて久米宏がキャスターをつとめたニュース番組中に、不定期で「最後の晩餐」というインタビュー・コーナーがあった。自分の命が今日までとわかった時、最後は誰と、どこで、何を食べたいか。ゲストが最後の夜を思い浮かべながら答えるのだが、それほど特殊な食べ物は出てこなかったと記憶している。

私も見るたびに考えた。最後の献立は毎回変わったが、いつも、どうしてもハズせないのは酒だ。最後の一献。いまなら、日本酒のあれやこれやが思い浮かぶ。

小松左京の「SOS印の特製ワイン」は、まさに、そんな終わりの日々を描いたSF短篇。主人公のケンは宇宙でワインを売りあるくセールスマンだったが、宇宙船が故障して、誰もいない星に一人、取り残されてしまう。食糧は一年ぶんあったが、通信機の故障が致命的で、助手のロボットが言うには、修理だけで一年半かかるらしい。

ケンは早々に観念して、商品見本のワインをあけた。

「電気を消して、ロボットに肩をもませながら、ドームの外のはてしない暗黒の宇宙をながめて」ワインを飲む。彼は初めて、自社のワインが旨いと思い、不意に「感謝したい気持」になる。

一日中ワインを飲み、少し肴をつまむ、そんな優雅な日々の、信じられないような幸せ。これを死ぬまで（つまりは一年間だが）続けたいと願って、ケンはロボットにワインの合成を命令する。

組成を分析して合成するわけだが、それが旨さに直結するわけではない。毎日、試行錯誤するロボット自身も目標ができて楽しそうだったが、日に日に出来がよくなっていくワインの利き酒をするケンの毎日は、これはやはり羨ましいぐらいに楽しそうだ。

酒造りの心や文化のことまでロボットに語って聞かせ、素晴らしい酒の味に舌鼓を打つ。終わりの日々だから、将来のことなど何も考えなくていいから、それができる。

小松左京のSF作品は、日常の中の輝ける時間をとらえるのが非常にウマい。いや、小松に限らず、SF作家の多くが実は、日常をいとおしむように描く抒情派だった。世界にifを突きつける、その試み自体が、いまここにある世界への哀憐と郷愁を誘うのだろう。

世界中の人間が死に絶える、黙示録的な終末もSFでは定番のテーマだが、この場合もあんがい人々は淡々として、いつもと同じ一日を過ごすパターンが多い。

小松左京の作品でも終末テーマは多いが、ちょっと変わり種の掌篇に「コップ一杯の戦争」がある。世界の半分滅亡ぐらいの話だが、場末のバーで相客たちとバカ話をしている間に、世界では核戦争が始まり、アメリカと、ソ連を含むヨーロッパ全土が滅んでしまう。

ラジオの臨時ニュースで刻々と戦況が語られるのだが、ハイボール一杯を飲む間に戦争はあっけなく終わり、「何や、もう終わりや」「スカみたいやな」などと与太をとばしていると、女性アナウンサーが「戦争も終った模様ですので、この後続けて歌謡ヒットパレードをお送りいたします」と続ける。

これなども、終わりの日に酒を楽しむ話ではある。核戦争なんて騒いでみたってどうしようもないし、まあ酒でも飲んどこか、って感じか。達観していて、一種爽快だ。（二〇一八年二月）

厨《くりや》に見つけたこの梅酒の芳《かを》りある甘さを
わたしはしづかにしづかに味はふ。
狂瀾怒濤《きょうらんどとう》の世界の叫《さけび》も
この一瞬を犯しがたい。

高村光太郎「梅酒」

α次元にいる智恵子

妻の智恵子が七年病んで逝った後、光太郎は台所で梅酒を見つけた。

十年の重みにどんより澱《よど》んで光を葆《つつ》み、
いま琥珀《こはく》の杯に凝つて玉のやうだ。
ひとりで早春の夜ふけの寒いとき、
これをあがつてくださいと、
おのれの死後に遺していつた人を思ふ。

（高村光太郎「梅酒」）

自分はやがて正気でいられなくなると予感して、智恵子は夫のために梅酒を作っておいてくれたのだ。光太郎はそんな智恵子の心の隅々にまで入り込んで、やがて自分の肉の中に智恵子がいると思うようになった。

あなたは万物となつて私に満ちる
（「亡き人に」）

智恵子はただ嘻々《きき》としてとびはね、
わたくしの全存在をかけめぐる。
元素智恵子は今でもなほ
わたくしの肉に居てわたくしに笑ふ。
（「元素智恵子」）

智恵子は早々と、亡くなった翌月から姿を現していた。一一月の満月の夜、光太郎は智恵子と差し向かいでビールを飲んだと日記につけている。外出中だった看護婦が帰宅したとたん智恵子は消えたが、智恵子のコップもいつのまにか空になっていた。

そんなふうに智恵子を我が身の内に潜めたまま戦争をやり過ごし、戦後は戦争協力者として糾弾され、岩手県花巻の山小屋に隠棲した。

杉皮葺きの小屋には天井板がなく、梁《はり》も屋根裏もあらわで寒々しい。板戸や柱のすきまから風が吹き入り、雪の日には寝ている顔の上に雪が降り積もった。そんな暮らしが逆に爽快で、光太郎は笑ってしまう。

智恵さん気に入りましたか、好きですか。
うしろの山つづきが毒が森。
そこにはカモシカも来るし熊も出ます。
智恵さん斯《か》ういふところ好きでせう。
（「案内」）

風呂場は「無何有殿《むかうでん》」、トイレは「月光殿」と名づけ、板に「光」と彫り、上に月のデッサンを描いた。

風呂は満月のときだけ立てることにしている。月を眺めていると智恵子が幻に出てくるんですよ。『ちえこ』と呼ぶと月から出て風呂にくる。一緒にいい風呂に入るので、さびしくないんです。

光太郎は懇意の旅館の女中さんに嬉しそうに語った。死んだ智恵子とビールを飲んだ満月の夜のことが、十数年たっても忘れられなかったのだ。

智恵子の所在はα次元。
α次元こそ絶対現実。
岩手の山に智恵子と遊ぶ
夢幻《ゆめまぼろし》の生の真実。

（「智恵子と遊ぶ」）

こんな詩を書いた翌年、光太郎は智恵子をモデルにした十和田湖の裸婦像制作に打ち込み、完成後一年半、自らも智恵子の待つα次元へと旅立った。

「智恵さん、また二人で満月を見ながらビールでも楽しみましょうか。それとも、あなたの作っておいてくれた梅酒、あれももう二五年モノの古酒になってますが、一口どうですか」

無何有殿の湯桶に二人の影。智恵子が湯面をバシャバシャ叩いて喜び、ようやく同じ元素になれた光太郎のやさしい声が、いつまでもいつまでも山麓にこだました。

（二〇一九年四月）

あとがき

本書は、酒文化研究所発行の会員誌『月刊酒文化』（二〇一三年から季刊）に連載中のコラム「酒と文学」の既発表分をまとめたものである。

一一年前、酒文化研究所の知友山田聡昭氏から連載を依頼されたとき、枚数以外の規定はなく何を書いてもいいと言われた。「酒」も「文学」も大好きだから、自分の体験談だけでも書きたい話はいろいろ思いつく。恥の多い自伝、なんてのを連載するのもいいな、などとあれこれ妄想がふくらみ、頭の中がやや酩酊状態になった。

とりあえず書いてみた第一回、「酒と文学は似たところがある」という書き出しで、しぜんと方向性が固まったような気がする。

酒と文学さえあれば、もうそこはユートピアだ。つらい話、やるせない話は極力遠ざけよう。アル中の話でもそんなに暗くは書かない。笑える話、桃源郷へいざなう話、怖い話、不思議な話、荒唐無稽な話、ほんわかする話、しんみりする話、じーんと来る話、ぐにょぐにょした話や、むちむちした話、酒びたりが許されてしまうダメ人間の天国……

芋づる式に、連想に連想をつないで、酒にまつわる文学を紹介してみよう。自分の好きな本にはほとんど境界がない。純文学からSF、幻想小説、詩、歴史小説、ハードボイルド、推理小説、漫画、童話、シナリオ、歌詞までオールジャンルなので、普通なら結びつかないような組み合わせの妙で、ちょっと類を見ない面白さが生まれそうな気がした。

アーヴィングと大藪春彦と森鷗外が一本の糸でつながり、『宝島』と高村光太郎と『徒然草』が結ばれる。中原中也とゲーテ、村上春樹、北方謙三に同じ切なさが見つかり、ポーと宮崎アニメ、江戸時代の黄表紙がコラボする。

紹介されている作家や作品のことを知らなくても大丈夫。読んでなくても全然問題ありません。文学作品の中の、酒にまつわる面白い部分だけピックアップして紹介しているので、そこだけ読んで終わりでももちろんOK。逆に、いまではなかなか探せないマイナーな本や、ほとんど誰も読んでないマニアックな本なども出てくるから、それを探して読んでね、とは言えないし、決して言いません。

ただただ楽しんでもらえたらいいなとの思いで、ときどき自分の「恥の多い」体験談も織りまぜた。散りぢりの滑稽な体験談をくっつけると、七北数人という偏屈モノの輪郭が描ける（？）かもしれない。

どんな読み方も許される、ゆるい本。酒の肴にちょうどいいと思うが、泥酔して問題を起こされた方が現れたとしても本書のせいではない。

なお、『季刊酒文化』での連載はまだ継続中で、またこれから一〇年もたった頃、第二集が編まれるといいな、とゆるい気持ちで考えている。それまで連載が続けばの話だが、そこは山田聡昭氏の意向次第であり、こんなに長くコラムを存続させてくれた彼には最大限の謝意を表しておきたい。また、春陽堂書店の永安浩美氏と堀郁夫氏には、構成その他ひとかたならずお力添えをいただいた。この場をかりて御礼申し上げます。

二〇一九年四月

七北数人

【泥酔文学ブックガイド】

作家名	作品名	頁
赤江瀑	「八雲が殺した」	276, 278
赤塚不二夫	『バカは死んでもバカなのだ』	214, 217
亜樹直（作） オキモト・シュウ（画）	『神の雫』	227
芥川龍之介	「河童」	285
	「酒虫」	252, 253
	「保吉の手帳から」	142
阿刀田高	「サン・ジェルマン伯爵考」	178, 180
	「マーメイド」	266
アポリネール	「ライン河」	274
アンダソン、シャーウッド	「酒」（『ワインズバーグ・オハイオ』）	128, 129
	「タンディ」（『ワインズバーグ・オハイオ』）	130
アンデルセン	「マッチ売りの少女」	8, 169
	「人魚姫」	265
アンブローズ・ビアス（著） 筒井康隆（訳）	『筒井版　悪魔の辞典』	186, 188
飯田蛇笏句	「雪見酒〜」	146
池澤夏樹	『夏の朝の成層圏』	118, 119
石川桂郎	「酒の器」	248, 250
	『俳人風狂列伝』	70, 71
石田波郷	『酒中花』	46, 47

小酒井不木	「血の盃」	151
コッパード	「天来の美酒」	154
小松左京	「SOS印の特製ワイン」	292, 293
	「コップ一杯の戦争」	295
コルタサル、フリオ	「キルケ」	156, 158
坂口安吾	「いずこへ」	22, 24
	「風博士」	18
	「木枯の酒倉から」	16
	「真珠」	52
	「堕落論」	12
	「釣り師の心境」	34
	「白痴」	12
	「吹雪物語」	25
	「村のひと騒ぎ」	224
	「夜長姫と耳男」	150
坂口綱男	『安吾と三千代と四十の豚児と』	
佐藤垢石	「河童酒宴」	284, 286
沢木耕太郎	『バーボン・ストリート』	82
サン＝テグジュペリ	『星の王子さま』	120, 121
司馬遼太郎	「酔って候」	210, 211
澁澤龍彦	『高丘親王航海記』	266
	「髑髏盃」	268, 270
杉浦日向子	「吉良供養」（『ゑひもせす』）	
スティーブンソン、R・L	『宝島』	112, 114

山川健一	『水晶の夜』	65
	『ロックス』	65
山川方夫	「菊」	278
山本昌代	『ウィスキーボンボン』	158
夢枕獏	「ことろの首」	280, 282
吉田秋生	『BANANA FISH』	228
吉田健一	『金沢』	216
	「酒宴」	247
吉行淳之介	『暗室』	79
	『技巧的生活』	79
	「探す」	79
	「驟雨」	80
	「食欲」	79
	『砂の上の植物群』	78
	『酒場のたしなみ』	79
	「湖への旅」	50
四方屋本太郎	『虚言八百万八伝』	202
ロート、ヨーゼフ	『聖なる酔っぱらいの伝説』	166, 167
若山牧水	「若山牧水歌集」	66

【著者略歴】

七北数人（ななきた・かずと）

1961年9月23日名古屋市生まれ。大阪大学文学部卒。出版社勤務をへて、90年頃から文芸評論活動を始める。『坂口安吾全集』の編纂にも関わる。主な著書に、『評伝坂口安吾 魂の事件簿』（集英社、2002年）、編著に『坂口安吾歴史小説コレクション』『坂口安吾エンタメコレクション』（ともに春陽堂書店、2018～2019年）などがある。

泥酔《でんすい》文学《ぶんがく》読本《とくほん》

二〇一九年 五月三〇日 初版第一刷 発行

著者 七北数人
発行者 伊藤良則
発行所 株式会社 春陽堂書店
〒一〇三－〇〇二七
東京都中央区日本橋三－四－一六
電話 〇三－三二七一－〇〇五一
装丁 宗利淳一
印刷・製本 株式会社 シナノパブリッシングプレス

ISBN978-4-394-19001-1 C0095